能知之力的種子

尼薩迦達塔・馬哈拉吉的臨終教言

Seeds of Consciousness

The Wisdom of Sri Nisargadatta Maharaj

簡・鄧恩 Jean Dunn 編｜鍾七條、顧象 譯

紅桌文化
UnderTable Press

所有的讚美都歸於自性上師

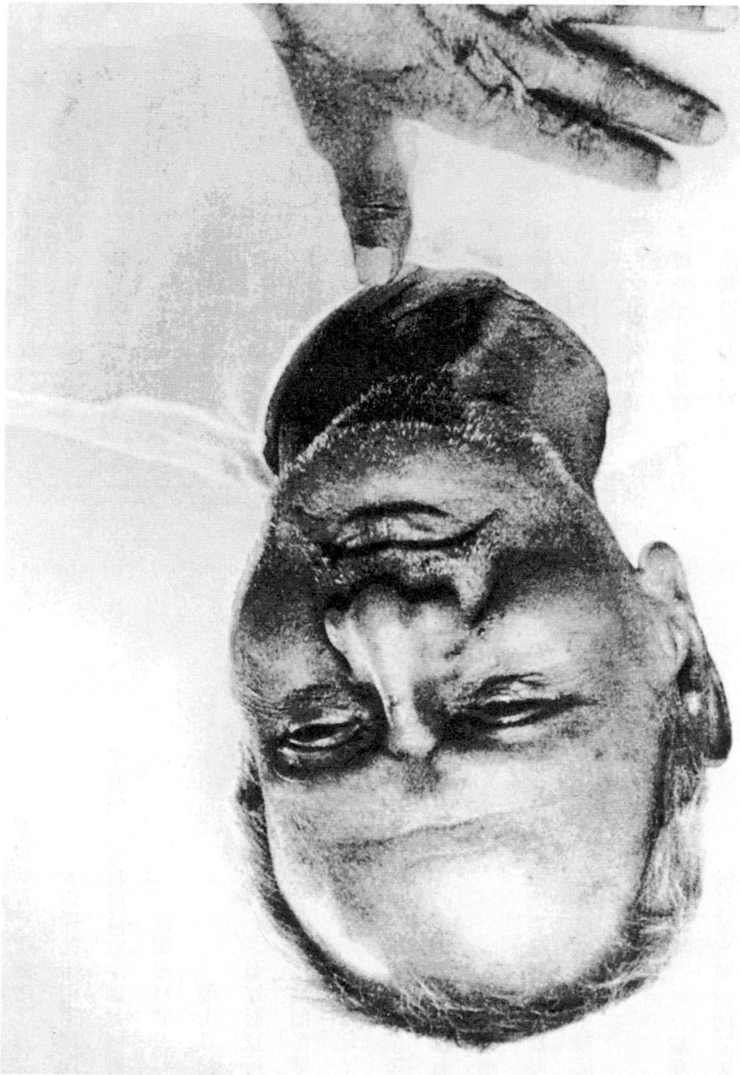

目次

譯序

隨著這本書的出版，尼薩迦達塔·馬哈拉吉欽點簡·鄧恩編撰的臨終教言三部曲已經悉數引介到了華語世界。在讀者閱讀這最後一部以「能知之力」為題的開示集之前，我們想再簡要介紹一下尼薩迦達塔·馬哈拉吉其人及其傳承。

尼薩迦達塔·馬哈拉吉很少談論他的個人生活，他也不鼓勵來訪者對他的個人生活進行提問。所以在他身後，並沒有留下專門的生平傳記和追憶文集，這和大多數近代的聖者，比如拉瑪那尊者（Ramana Maharshi）形成了鮮明對比，關於後者的回憶著作頗多，弟子們整理的生平資料記錄也頗為詳實。拉瑪那尊者傳記的著作者大衛·高德曼在七十年代經常去孟買參訪尼薩迦達塔·馬哈拉吉，他非常瞭解兩位尊者的不同風格。據他回憶，和尼薩迦達塔·馬哈拉吉相處時，只能偶爾聽到他回憶個人的往事，而且基本上都是談論他的上師悉達羅摩濕瓦·馬哈拉吉（Siddharameshwar Maharaj, 1888-1936）和對他生命的影響[1]。

悉達羅摩濕瓦·馬哈拉吉對於印度和世界修行界的影響，目前還未得到應得的重視。當西方一批批的靈修導師及修行人被尼薩迦達塔的犀利智慧和洞見所折服，讚歎此乃數百年難遇的奇人，甚而喟歎他是空谷跫音、曲高和寡之時，他們其實疏忽了尼薩迦達塔教法的直接來源，那就是悉達羅摩濕瓦所倡導教授的具有千年傳承的印度吠檀多智慧。

一九三三年，尼薩迦達塔三十六歲，初次遇到屬於歷史悠久的九師傳承之旁支的因敕格里傳承（Inchegeri）的悉達羅摩濕瓦，並拜其為師。一九三四年至一九三六年間，悉達羅摩濕瓦每四個月來孟買一次，每次待十五天，期間便開堂講法，結合其傳承的經典文本，比如薩馬塔·羅摩達斯（Samarth Ramdas）的《給弟子的忠告》（*Dasbodh*）、《瓦希斯塔瑜伽》（*Yogavasishtha*）等，將解脫之奧秘，傾囊而授。在聽課時，尼薩迦達塔記錄下了大量的筆記，這些筆記後來集結為*Adhyatama Jnanacha Yogeshwar*一書（馬拉地語），在一九六一到一九六二年間出版。他親筆寫下前言，說道：「本書中的這些開示由我師父宣說。我無法解釋『他』的話語，因此我對此保

1 大衛·高德曼（David Godman）的回憶文章〈回憶尼薩迦達塔〉（Remembering Nisargadatta Maharaj）是少數比較詳盡的追憶文章，刊登於其個人網站https://www.davidgodman.org/remembering-nisargadatta-maharaj/，我們也已譯成中文，但限於篇幅，無法收錄於本書中。感興趣的讀者可以寫信向potaloka.press@gmail.com索要中譯文章連結。

持沉默。……這樣的一位大師以及這樣的教言，在這個世界上是非常罕見的。我這樣說是出於我對我們老師的智慧的信心，以及我對真我的信心。這些話表達了我的信心。一個人能達到何種成就，以及能取得什麼體驗、喜樂和平靜，還有逍遙自在，這一切都是虔敬的成果。」此書直到二〇〇九年才被譯為英文，以《開示真我之智慧明師：終極領悟》（*Master of Self-Realization: An Ultimate Understanding*）為書名出版。我們才得以窺見尼薩迦達塔的師父悉達羅摩濕瓦的智慧之高度，並且能確定，尼薩迦達塔那種直接越過個體概念與「真我」對話的教授手段，直接來源於他。

如今的歐美及華語世界有一些修行者自認遙嗣尼薩迦達塔，但對這一師承的深厚底蘊不甚瞭解，甚至有意忽視，只擷取了尼薩迦達塔的淩厲機鋒，而排斥他身上的虔敬氣息。甚至本書英文序的作者拉瑪虛·S·巴爾塞卡在尼薩迦達塔過世之後也公開宣揚這種姿態。他在西方受過良好教育，思想上頗為西化。在尼薩迦達塔過世後，便不再遮掩自己對於虔敬及傳統的輕視，成為了新不二論的代表人物[2]，二〇〇五年更是爆出了金錢和性醜聞，讓眾多支持者深感失望。現今的讀者在閱讀各種與尼薩迦達塔有關的圖書時，需要加以明辨。

另外，還有必要解釋一下書名《能知之力的種子》的意思，並不是說有一顆種子，能長出「能知之力」來，而是說能知之力本身就是一顆「種子」，同時，其中也儲藏著能顯現出森羅萬象的無數種子。能知之力，也就是「純淨的我在」，或者說是「非個體的存在感」，整個宇宙這棵大樹從這其中生發而出。所以，能知之力是整個宇宙的種子。

尼薩迦達塔本人的教導也是一粒種子，種在求道者的心田，他說：「你在此所學到的，會種下

2 拉瑪虛·S·巴爾塞卡（Ramesh S. Balsekar）可被歸為近現代西方靈修界出現的「新不二論」或者「偽不二論」流派，即認為只要認識「真理」就完全足夠了，不注重且貶低傳統的修行法則，比如避惡揚善、虔愛神祇、禪修練習等，往往具有虛無主義色彩和放任自流的冷漠。關於巴爾塞卡和尼薩迦達塔的教導的分歧以及他在二〇〇五年爆出的金錢和性醜聞，可見尼薩迦達塔的一位美國弟子蒂莫西·康威（Timothy Conway）在其網站上發佈的一篇長文On neo-advaitin Ramesh Balsekar - Advaita, ethics, authentic & inauthentic sages。此文也澄清了巴爾塞卡並非尼薩迦達塔指定的傳法人。至於尼薩迦達塔的傳人，根據各方面資料證明，在尼薩迦達塔生前親自明確表示具有收徒傳法資格，並可以傳授入門的聖名咒（*Naam Mantra*）的是簡·鄧恩（1977-1981）及羅摩康特·馬哈拉吉（Ramkant Maharaj, 1941-2018）。簡·鄧恩於一九九六年離世，並未見到後期巴爾塞卡引發的種種爭議。羅摩康特·馬哈拉吉駐世稍久，他曾親炙尼薩迦達塔十九年，他則明確地批評過巴爾塞卡。

種子。你可能會忘掉。但是這顆種子會存活，然後在適當的季節生根發芽，枝繁葉茂，帶來花朵和果實。一切都會順其自然。你不需要做任何事：只要，不去阻止。」

這正如中國禪宗六祖惠能將要辭世之時，對弟子的付囑：「我今說法，猶如時雨，普潤大地。汝等佛性，譬諸種子，遇茲霑洽，悉得發生。」

顧象　鍾七條

二〇二二年三月

英文版序

與永恆有約

讚美歸於室利·尼薩迦達塔·馬哈拉吉，來自婆羅多（Bharat）的偉大隱士！

表面上看來，馬哈拉吉就如同一位普通居士，只會說當地的馬拉地語，但他談吐中所流露的智慧，與吠陀及奧義書如出一轍。他證得永恆覺性之究竟果位，是光輝的典範。對於真誠的求道者而言，若渴望遇見一位在世的導師，而其智慧可比擬典籍中的聖者，馬哈拉吉的出現則回應了求道者內心深處的渴望。

室利·尼薩迦達塔·馬哈拉吉沒有要裝成一位聖雄、薄伽梵，或者至尊天鵝[3]。他不教授或宣揚瑜伽或任何思想體系；他所知道和經歷的，都是真實本性，這真實本性是他本人和來訪者所共有的。他吹響的那號角之聲，是印度自古以來就已經向人類所呼籲的：「認識你的真我！」

3 *Mahatma*、*Bhagavan*、*Paramhamsa*都是印度對於聖者的尊稱。

四十多年來，這位偉人一直在反覆宣說：「要清楚知道你本然存在狀態，這個存在純粹而簡單，不是這個、那個或者其他什麼。」他挑釁他的聽眾，讓他們提問，但他的回答從來不僅僅只是給出答案而已。他每一次的回答，都是在挑戰提問者，要他去找到自己的真實本性。

他直抒胸臆，他只講自身的體驗。他說話不引經據典，也不急著引用權威的說法使人信服。他敦促提問者只基於自身體驗發言，而非拾人牙慧。他堅稱，只要安住在自身的「本然存在」，駐止於純粹的覺知狀態中，那些發生在他身上的事，也會發生在聽眾身上，而那些在他身上所顯現的，也必然也會在聽眾那裡彰顯開來。

有人提到前世這個棘手的問題時，馬哈拉吉馬上會問，提問者是否對他現在的這個「出生」有所瞭解，「何必去問一個完全沒必要的問題呢？」他會說，「為什麼要問呢？有人問佛陀什麼是罪，他答道：『沒有必要的就是罪。』[4]唯一必要的就是找出到底是誰在問這個問題。什麼是你的真實本性？在這個『我在』[5]的覺知出現之前，真相是什麼？保持在你的『本然存在』之中，你會看到什麼是『我在』之前就有的存在。」

吠陀、奧義書等其他無數印度經典，把「真理」描繪得既美妙又逼真，研究這些典籍可以一瞥真理。不過親炙尼薩迦達塔·馬哈拉吉，就是聆聽活生生的奧義書，真理鮮明活躍，赫然現前。

達摩衍蒂·多伽吉博士（Dr. Damayantie Doongagi）

寫於孟買

---

4 確切佛經原文無法找到，但可參考相似說法，比如「一切業障海皆由妄想生」——《普賢觀經》

5 「我在」（"I-Am"或I-Am-ness）指的是自我的存在感，意識到自己存在的那份感覺；也指「我存在」這一事實。

導讀

當我受邀「引薦」室利·尼薩迦達塔·馬哈拉吉給此書的讀者時，我著實吃了一驚，因為我自認難堪此任。我還在絞盡腦汁想將此重任推託給其他人時，有人捎話給我，說馬哈拉吉希望由我完成。於是，沒有什麼糾結的，這件事情就這麼決定了。

一直以來，我總深深地覺得，應該有比一般宗教更深的東西，不應該僅僅局限在向某位神祈禱消災賜福。不二論的奧義，我讀過的相當多，但當我初次接觸《我是那》這本書，看到書中由已故的室利·摩里斯·佛里曼所編輯室利·尼薩迦達塔·馬哈拉吉與各種不同來歷的訪客的對話錄，我極為驚訝，這樣的一位大師，沒有隱居在喜馬拉雅山，而是就住在我的家鄉孟買。雖然我對靈修深感興趣，但這麼多年來卻無福得見其真容！（事實上，我初次得知馬哈拉吉，還是因為讀了簡·鄧恩女士於一九七八年十月發表在《山路》（*The Mountain Path*）上的一篇文章，但我主要是受了《我是那》的影響。）

初次去拜訪，我來到他位於凱瓦第十巷的凡納瑪尼大廈一樓的公寓，上樓梯到達閣樓時，我看見馬哈拉吉就坐在房間一隅，在面前的幾個香盒中點香。我向他鞠躬禮拜，並獻上一些水果，他用銳利的眼神注視著我，旋即熱情地微笑說：「啊，你來了，是嗎？坐吧。」有那麼一會兒，我不由得不懷疑他是否把我誤認為是別人，因為聽他的口氣好像他等的就是我。他問我有什麼想問的問題，我說我只想安靜地坐著，吸收他的話語以及他的臨在所散發出來的靈性氛圍。他笑了，點了點頭。從那之後，我便會定期去拜訪馬哈拉吉。

就我的經驗，馬哈拉吉不太情願以個人身分談論他自己，任何與他相關的個人資訊，都是從別人那裡聽來的。有一點很確定的是：他不是一位苦行僧或出家人；實際上他根本就沒有什麼特殊身分，就是一個簡單的人，穿著最普通的衣服，看起來就是一位普普通通有家累的男人，跟成千上萬老百姓一樣。在他的開示中，他常常說自己並不是一個學識淵博的人，所以他只能從自己所瞭解的或經歷過的來談，而且他所知道的關於他自己的真實存在的真理，適用於每一個人。我永遠不會忘記他所說的一句話：「曾經，我也將自己視為一個男人，娶妻、生子；但我遇見了我的上師，在他的啟發和指導下，我終於知道我就是梵。」

室利·尼薩迦達塔·馬哈拉吉於一八九七年三月「出生」於孟買，原名是馬魯諦·濕瓦蘭龐·坎普里。他的生日正好與哈奴曼節是同一天，因此得名「馬魯諦」[6]。小馬魯諦的童年在坎達岡度過，那是一個離孟買不遠的村莊，他父親在霍亂時期搬過去。我記得馬哈拉吉說過，他最早的個人記憶就是坐在父親的肩膀上，朝著山頭落日的餘暉走去。在這時期，農場的收入不足以維持家庭生活。他的父親於一九一五年過世，而後為了維持生計，起先是長子，然後是馬魯諦自己，不得不回到孟買打工。馬魯諦第一份工作是一家私人企業的辦事員，但後來，天生的獨立與冒險氣質使他很快走上自主創業的道路。（這是自從認識馬哈拉吉之後，我注意到的其中一個巧合：我寫完這一段的隔天，馬哈拉吉恰好說到因為他天性獨立，無法忍受他人施壓。他說：「寧得一日自由，也不可一輩子窩囊。」說罷向我會心一笑。這是極罕見的馬哈拉吉談論起自己個人生活的時刻。）

馬魯諦·坎普里從一家生產和銷售本地手工捲菸的商店開始做起了生意，而且在相當短的時間內成為了八家這樣商店的老闆。一九二四年，他結婚了。育有四個孩子：一個兒子，三個女兒。但僅僅是物質上的豐盛並不能帶給馬魯諦太多的滿足。家族中的宗教氛圍濃厚，具有尊奉神明的傳統，而且在他幼年時在坎達岡認識一位博學的婆羅門，名叫毗濕奴·戈爾（Vishnu Gore）更是早早激發了他由衷的探尋，要一探人、世界、神之間關係的究竟。正是他的一位朋友，葉什萬特拉奧·巴格卡（Yeshwantrao Bagkar），把他介紹給了「九師傳承」的室利·悉達羅摩濕瓦·馬哈拉吉。[7] 巴格卡很清楚馬魯諦對於真理的真誠而強烈的訴求，於是決定某天帶他去見自己的上師。正如馬哈拉吉自己所說：「巴格卡幾乎是強迫我跟他一起去見悉達羅摩濕瓦·馬

6 Maruti是印度神話《羅摩衍那》中猴神哈奴曼的別稱。

7 尼薩迦達塔·馬哈拉吉的傳承屬於九師傳承（Navnath），這一傳承的首代祖師是漁尊者（Machindranath），之後是牧牛尊者（Gorakshanath），他們也出現在藏傳佛教八十四大成就者中，是大手印傳承公認的印度祖師。這一傳承後來在印度開枝散葉，分支甚多，尼薩迦達塔這一系算是旁支。尼薩迦達塔的《我是那》一書附錄中提到九位祖師中的第七位祖師Revananath（1112-？）創辦了自己的一個分支，並傳法給Kadasiddha（又記作Kadsiddheshwar，還有一種說法認為Kadsiddheshwar為頭銜，Revananath就是第一代的Kadsiddheshwar），而Kadasiddha以精微身在Gurulingamjangam（1789-1875）的淨觀中傳法給他，Gurulingamjangam再傳給包薩赫伯（Bhausaheb），包薩赫伯又傳法給尼薩迦達塔的師父悉達羅摩濕瓦·馬哈拉吉。因為包薩赫伯創立了「因敕格里傳承」，所以人們更常稱悉達羅摩濕瓦這一系為「因敕格里傳承」。在冉吉特（尼薩迦達塔的一位師兄弟）撰寫的悉達羅摩濕瓦的傳記（*Master of Self without self*）中，雖然沒有明確表明與九師傳承的關係，但在一個細節上透露了與此的淵源：悉達羅摩濕瓦生前攝受了一個Kaneri Math寺院的第廿六代住持Mupinna Kadsiddheshwar。此寺院歷史悠久，為Kadasiddha所創立，是公認的九師傳承的寺院。此住持後來邀請悉達羅摩濕瓦到自己的寺院說法，悉達羅摩濕瓦升座後說：「真知的河流又流回到了它的源頭，這一切得自於我的師父包薩赫伯的加持。」

哈拉吉的。甚至按照習俗供奉到上師脖子上的花環還是他買的呢！是在命運的安排下，巴格卡一手將我推到了大師的腳下。」很快，馬魯諦就在他上師的指導下得以入門，並以他天生的熱忱和堅毅開始了靈性修行，直到他達到最終的證悟。這是發生在一九三三年到一九三六年之間的事。

一九三六年，室利·悉達羅摩濕瓦·馬哈拉吉證得摩訶三摩地。[8]次年，室利·尼薩迦達塔·馬哈拉吉突然放棄他的家庭和蒸蒸日上的事業，決定雲遊印度四方。他參觀了南印度的幾處聖地和寺廟後，打算前往北方去喜馬拉雅山區度過餘生，途中他遇到了一位同門師兄弟。在與之商討過後，室利·尼薩迦達塔·馬哈拉吉得出一個結論，這樣四處雲遊實屬不必，還不如以出離的態度積極入世更有意義得多。也許這是成千上萬眾生的幸運，他們將馬哈拉吉召喚回到了孟買，從此能夠得到他的教誨。他回到孟買後，他發現他所有的商店如今只剩下了一家，但他平靜地接受了現實，認為這家店足以支持所有的世俗所需。至此之後，所有一切都自然發生，沒有一件事是特意而為或是有意識努力的結果。

他手腳俐落，低調坐在自己的捲菸店裡做生意，有些朋友會來找他聊天，他們總是聊同一個話題：究竟真實。這樣的談話，經過口耳相傳，廣為人知，以至於總有一小群人聚集在小店門口聆聽智慧的精髓。所以在兒子接管商店之後，馬哈拉吉便退居到了他在家裡為自己建造的閣樓中，之後，閣樓便默默地成為了一座神聖的道場。

在繼續談論我個人與馬哈拉吉之間的事蹟之前，我想提到他生命中的一個重大事件。偶爾，馬哈拉吉也會談及瀕死的時刻，以及這種經歷的意義。對普通人而言，這可能是一種巨大的創傷，但對證悟者[9]來說，這是極大的狂喜。有時候他說他之所以知道這一點，是因為他目睹了自己的死亡！我問過一些問題，下面要講的顯然就是他所指的事件：

幾年前，每個星期天的晚上，在室利·百納特·馬哈拉吉[10]的住處，都會有一個拜讚的活動，馬哈

8 摩訶三摩地（*Mahasamadhi*），印度把聖者離世稱之為「入三摩地」。*Samadhi*也是聖者死後靈祠的意思。

9 證悟者（*Dhnyani*），源自*dhyana*，即靜慮、禪定、冥思之意。dhyani原義是指修靜慮者、冥思者，但根據拉瑪虛後文的進一步描述，他應該是用這個詞來指代「證悟者」。

10 室利·百納特·馬哈拉吉（Sri Bhainath Maharaj，也就是Sri Sabnis，室利·撒布尼斯），尼薩迦達塔的同門師兄弟。尼薩迦達塔在四十年代有一段時期每天都會和他交流、探討靈性話題。

拉吉本人還有他的一個弟子，一直受邀參加。有個星期天，有個弟子來到他家，要帶他去室利·撒布尼斯的住所，卻發現馬哈拉吉臥病在床起不了身，全家人都非常焦急。馬哈拉吉並不想要醫生來做檢查，他還建議自己的弟子直接去室利·撒布尼斯那裡，完成該做的儀式。但弟子不願意離開馬哈拉吉身邊，最後室利·撒布尼斯也趕來看看到底發生了什麼事。馬哈拉吉堅持要室利·撒布尼斯和那位弟子回去完成日常的拜讚儀式。他們勉強答應了，但是活動一結束，就立即和其他幾位師兄弟一起趕了回來。他們很高興看到馬哈拉吉坐起來了，而且狀況頗有起色。幾天後，馬哈拉吉在他的一次談話中說，那天下午其實他正在見證自己的死亡，而那正是最為狂喜的時刻。

幾年來，馬哈拉吉的日常生活都很簡單並有規律：每天早上和下午與訪客對話，每次大約九十分鐘；一天做四次拜讚，這是遵循他上師的指示。在對話、會談期間，平常聚會大多二十人，周日和節假日期間可能增加到三十五人，把狹小的空間都塞滿了。其中有很多遠道而來的外國人，不是來旅遊觀光，而是特意來參加他的達善[11]，來聆聽他的教言，因為他們讀了《我是那》之後，擋不住想見他的渴望。有些訪客，印度人和外國人都有，是各自領域裡傑出的人才和佼佼者。馬哈拉吉說：「這難道不是我上師的恩典所帶來的奇蹟嗎？那樣傑出的人，通常是像我這樣的小人物所接觸不到的，他們會平白無故來到這裡，雙手合十，來聆聽開示嗎？他們是來見我這個人，還是前來洗耳恭聽我上師恩典的宣流？」

馬哈拉吉的住所偶爾也會吸引來一些希望展示自己從書本上學到的知識的人，他們試圖將馬哈拉吉拖入到不會有結果的討論中。要是這些人觸碰到底限，馬哈拉吉會毫不猶豫地給以臉色，而對於那些懷著真誠一心想要瞭解他，帶著單純謙遜的態度來接近他的人，他都會非常的包容、有耐心。馬哈拉吉一開口便流露出乾脆的率性、平靜的判斷、冷靜的權威感，以至於人出於直覺，不由得感受到大師的臨在，即便當時還對真相[12]懵懵懂懂，也得一瞥！馬哈拉吉從不引經據典，來證明或支持他的言論，哪怕是吠陀也不用。他的言談，顯然來自於一個超越語言、連吠陀都無法論及的層次。

11 梵文*Darshan*，又記作*darsana*，意為「看見」，指求道者被聖者所見，或在淨相中見到神祇，就能得到恩典。「給予達善」，是指聖者或神祇允許自己被他人看見。一般來說，信徒去寺廟參拜神像，也稱為「達善」。

12 原文為大寫字母TRUTH。

馬哈拉吉經常明確地表示，那些抱有希望能帶來物質利益，或減輕身體殘疾，或得到精神安慰而來見他的人，通常是會失望的，因為他從不討論這些話題。也許正是因為如此，馬哈拉吉並沒有成為一個「廣受歡迎」的上師。那些對他們所喜歡的宗教觀念或形式，期望能從馬哈拉吉這裡得到確認的人，可能不僅會感到失望，甚至會因為馬哈拉吉的一些言論而感到苦惱和挫敗，比如：「所有的經文都說，在世界存在之前，造物主就已存在。但有誰知道造物主呢？在造物主之前，只有『他』，你的真實本性，也是所有世界和其造物主的源頭。」確實，馬哈拉吉的教導在任何已確立的宗教中，都找不到直接的依據。他問：「有沒有人可以告訴我？五大元素各自屬於什麼宗教？」

那馬哈拉吉到底教了什麼呢？正如馬哈拉吉自己常說的，他所做的就是向我們展示一面靈性的鏡子，如果我們真的願意，就可以在其中看到我們的真實形象。如果有人敢於這麼去做，那麼他的基本教導也許可以概括如下：

整個宇宙[13]只存在於「能知虛空」[14]中，而證悟者則立足於究竟實相，即「超虛空」（*Paramakash*）中。究竟實相，即「純粹本體」（pure beingness），其中沒有「我在」之知[15]；究竟實相是先於心念

和語言的。然後，能知之力毫無來由自發地活躍起來，出現了。在能知之力中，世界顯現了，[16]

13 整個宇宙（*Mahadakash*）也作*Mahakash*，即大虛空。物質世界的這個宇宙虛空即是「摩訶虛空」。

14 「能知虛空」（*Chidakash*）又記作*Chidakasha*，由Chit（能知）和*akasha*（空，虛空）組成。*Chidakasha*在瑜伽系統中，被定義為是三身的最後一身（前兩身為：*Bhutakasha*〔物質身〕，*Chittakasha*〔思維概念之身〕），在*Chidakasha*中，不再有二元性。

15 「我在」之知（通常英文譯作The Knowledge "I Am"），這是尼薩迦達塔·馬哈拉吉開示中常見的一個專用辭彙，簡單來講，指的是對自己存在這一事實的了知，而這種「了知」無形無相，並不局限於身體或頭腦的知覺，是無需刻意為之的。在已經出版的尼薩迦達塔·馬哈拉吉的另外兩本譯著《能知之力與究竟實相》和《先於能知之力》中，更多時候我們是將其譯為了「明覺—我在」，意指：明明白白地知道「我存在」、「我是存在的」。尼薩迦達塔·馬哈拉吉的著作中，表達類似含義的英文還有Consciousness of "I Am"、"I Am" consciousness、Knowledge of "I Am"、Knowingness of "I Am"、Knowingness "I Am" 等等，意思都是一樣的。

16 Consciousness對應的梵文（馬拉地語）原文，是*Chaitanya*或*Chidakash*，而這兩個梵文詞皆以「*Chit*」（能知）為詞根，突出的是「知」之意。*Chaitanya*這一概念是尼薩迦達塔這一派，包括尼薩迦達塔的師父悉達羅摩濕瓦，和師兄弟冉吉特教學中的核心概念和入道關鍵。綜合這三位導師的英文著作對*Chaitanya*的其他英文譯法，如Power to know、Life Energy、Life Force、Power等，我們確定其指的是一切顯現背後的源頭力量，正確的中譯應該是「能知之力」，有時也為了強調其非「所知」，而簡單譯為「知」。本書的英文原文

又消失。所有的一切，都是我；所有的東西，都是我的；在一切的開始之前，在一切的結束之後，我都在。不管發生什麼，我都一定在見證著。因此，並不是說世界不存在。世界是一種能知之力中的展現，而能知之力是巨大的「未知」中已知事物的全體。會開始和結束的，都只是顯現而已。「世界」可以說只是「展現」而並非「存在」。

被創造出來的世界，即能知之力中的表象顯現，有幾個面向：其父母基底是「原質—原人」[17]，男女的二元性；創造所需的原料，是五大元素的精華，即薩埵；薩埵透過三德中的另外兩種屬性，羅闍（動能）和多磨（惰性和自我）發揮作用。人可能會認為是自己在做事，但真實意義上所有的行為活動，都是五大元素以三德來完成的[18]。正是薩埵把人喚醒，並將其導向能知之力；羅闍則將人推入世俗的活動中；而多磨讓人誤以為自己就是行為活動的做者。

馬哈拉吉對認真的學生，教導往往更直接有力，簡單乾脆，但同時又是深刻而微妙的：

（一）假設有一些積水，一段時間後，一隻昆蟲的身體就形成了；他開始活動，開始知道自己的存在。一片被扔在角落裡的麵包，過了好久，一隻蛆突然出現了；他開始移動，開始知道自己的存在。雞蛋孵化一段時間後，忽然裂開一點，一隻小雞破殼而出；他開始活動，開始知道自己的存在。男人的精子在女人的子宮裡發育生長，經過九月懷胎產下嬰兒，並開始經歷睡眠與清醒的交替，表現出一些生理特徵；再經過數月，同一個精子，現在以嬰兒的形態，開始知道自己的存在，然後從母親那裡，更進一步地得知自己到底是男孩，還是女孩，諸如此類。

並沒有對Consciousness的首字母大小寫進行區分，來對應靈修及通俗的兩種不同語境，所以本中譯也會根據上下文語境，對consciousness一詞做通俗含義上的處理，即譯成「覺知」、「意識」。*Chidakash*則譯為「能知虛空」，它比較容易辨別，因為往往在上下文中與其他的「虛空」概念一起出現。

17 原質（*Prakriti*）和原人（*Purusha*）是形成「原初幻覺」的陰性和陽性。在羅摩達斯的《給弟子的忠告》第十章第九節中，對「原初幻覺」有詳細介紹，這涉及到宇宙的起源。代表「純粹能知」的「原初陽性」和代表「顯化的能量」的「原初陰性」結合在一起，就形成了「原初幻覺」。簡單的來說*Prakriti*指的是原初的物質基礎，而*Purusha*指的是原初的能知基礎。悉達羅摩濕瓦在其開示中解釋過：「在真我中產生了一種衝動：『我在』，這種衝動被稱為『原質』；而明覺（Knowledge）就是『原人』。這是獨一真我的兩種形式，就像太陽只有一個，但熱和光是太陽的兩種屬性。」他還說：「原人是明覺，而原質是風。」

18 三德（*Guna*），即明（薩埵，*Sattva*）、動（羅闍，*Rajas*，或記作*Rajo*）、暗（多磨，*Tamas*）。印度諸教認為三德是一切事物的三種基本屬性，是世界多樣性及其運動變化的決定因素。薩埵，以輕光為其相，其功用在照別；多磨，以重覆為其相，其功用為繫縛；羅闍，持動為其相，其功用為造作。簡單來說，薩埵代表「明」，多磨代表「無明」，而羅闍是兩者的混合。

（二）在上述四種情況下，昆蟲、蛆、小雞、人，真正出生的是什麼？馬哈拉吉說，真正出生的，難道不就是那個「我在」之知，即「知」[19]，以及相伴而來的睡眠和清醒這兩個狀態嗎？這種「知」在這四種生命形態中都是一樣的，他發現自己「孤立無援」，便採納了某種特定的身形並與之認同。換句話說，那個「我在」的訊號，最初並沒有任何形態或形相，只是對存在的一種普遍的認知，他誤以為自己是某個特定的身體，接受了自己的出生，因此隨之也便一直生活在所謂「死亡」的陰影中。

（三）這種「我在」，這種「知」，正如馬哈拉吉所說，如果沒有它，人就不會知道自己的存在。所以，每個人最愛的，並且會不惜任何代價盡可能延長的，就是這份與生俱來的「本錢」。這種「知」不得不依存於一副色身，而那僅僅只是父親精子所長成的，其本身就是父母雙方所消化的食物的精華。在整個過程中，出生了一個包含有「知」的個體身體。而以上所分析的，是該相關「個體」從一開始就根本沒有探究過的過程！如果有人能因此看清在這個過程中誕生出來的究竟是什麼，他怎麼還可能為個人的獨特性而自豪呢？那只不過是一堆記憶和習性的集合體，沒有任何實質的重要性！

馬哈拉吉說，解脫源於當「我在」之知了悟到：

（一）它一直不受限制、完全自由，本身就是所有造物的源頭——沒有能知之力，就沒有世界。

（二）然而，它因為把自己視為獨立的身體，而此種自我設限，為自己創造了束縛的枷鎖。

（三）它沒有形態或式樣，它是（已形成身形的）食物精華中的「味道」，就像糖中的甜味一樣。

（四）當這個食物精華（身體）變老並「死亡」時，它的「味道」，即那個「我在」之知，也同樣消失了，也就是說，不再受制於三德，成為了「無相」[20]，並融入了實相。是誰死了呢?!

19「知」（Consciousness）指的是「了知的能力」（power to know），有時候也稱之為「能知之力」，在尼薩迦達塔·馬哈拉吉的著作中等同於「『我在』之知」（Knowledge of "I Am"）——你能知道自己存在或不存在，這種知道的能力就是「知」或「『我在』之知」。但稱為「知」時偏重的是個體眾生，稱為「能知之力」時則超越了個體，是遍在的，是驅動萬物生命運作的驅動之力。在此譯本中，Consciousness一詞在談論個體覺知的層面時，被譯為「覺知」或「知」；在談論驅動的層面時，被譯為了「能知之力」。

20 *Nirguna*，無屬性的，與之相對的是*Saguna*，有屬性的。吠檀多認為，梵（*Brahman*）既可以是有屬性的，也可以是無屬性的。無屬性的梵，是無形無相，超越語言的；有屬性的梵，或有相的梵，即是梵所展現出來的一切有情眾生和宇宙萬物。

馬哈拉吉反覆要求聽眾們不要被他的語言所局限，這也是他對自己教導的總結：「回到源頭」，並安住在那裡。那個源頭，就是實相，是一個人的真實本性，是先於能知之力的存在。在那裡，不會有任何的需求，那是在幻相還沒出現之前的境界。幻相，就像正常健康的身體生了病，錯以為事件一件件發生：受孕、誕生、活著，直至身體的死亡。真實的「你」，不在整個「演化」之中，僅僅見證一切的發生；「究竟是誰死了？」在這一問題出現之後，見證才終止。

馬哈拉吉說，你要確信，你既不在身體裡，也不在頭腦中，儘管你同時感知到這兩者——這本身就是對真我的認知。解脫不在於要獲得什麼，而在於是否擁有「你一直都是自由的」這一信念和確信，在於是否擁有基於此種確信而行動的勇氣。沒有什麼是需要改變的，只有當這個改變的想法被視為是虛假的，此時不變的那個才會為其自身所擁有！

馬哈拉吉的聽眾們被他教導中完全不同的方法所打動。例如，在愛的主題上，一般會教你，除非培養出一種對他人關愛的情懷，否則你在靈修上不會進步。而這種方法很可能會打擊一個老實的求道者，因為他有自知之明，知道自己不會、也沒辦法，像愛自己一樣地愛他人。所以，當馬哈拉吉說：「忠於你的真我，要絕對地愛本來的自己，不要假裝要像愛自己一樣地愛別人。除非你已經證悟，了知別人和本來的你是一體的，否則你是不會愛他們的。不要假裝你所不是的，不要拒絕成為你所是。你對別人的愛只是認識真我[21]的結果，而不是原因。」這讓人深深鬆了一口氣。

最後，聽到馬哈拉吉說：「你在此所學到的，會種下種子。你可能會忘掉。但是種子會存活下來，然後在適當的季節生根發芽，枝繁葉茂，帶來花朵和果實。一切都會順其自然。你不需要做任何事：只要，不去阻止。」這話是多麼振奮人心啊！

拉瑪虛．S．巴爾塞卡（Ramesh S. Balsekar）寫於 一九八〇年三月三十一日

---

21 Self-Knowledge，接近英文Knowledge of The Self。這個詞有非常豐富的含義，在不同的情境下，我們有不同處理：(1)如果是在討論世間的學科、知識時，舉出了Self-Knowledge與之相對，策勵讀者不僅僅只是學習各種學問，而應該多瞭解自己，那麼，Self-Knowledge就被我們翻為「真我知識」或「真我智慧」；(2)如果是對已踏上求道之路的學人，談到明心見性時，Self-Knowledge就成了一個動賓結構的動名詞，被翻為「認知真我」、「了悟真我」、「明見真我」；(3)如果是在深入、細緻地指導實修實證時，Self-Knowledge就翻譯為「真我明覺」、「真我之知」或「真我之覺」。

請找出你的真實身分

一九七九年七月七日

尼薩迦達塔：在自然[22]中，一切都是有時間限制的（季節、播種、收割等等），但大自然本身是不受時間限制的。大自然既不是男性也不是女性，許多化身來來去去，而自然卻不受影響。和自然有關的故事，源自你出生以來所形成的所有印象，所以只要你緊抓這些記憶不放，就不會對真我有所認知。如果你只學習自然界中發生的事情，比如歷史、偉人等等，你就不可能了悟你的真我。

你得向內走，無論自然中發生了什麼驚天動地的大事，不管多麼強大，它們仍然當處就消亡了。這些情況時而出現，時而消失，實際上都很空泛，可靠的只有「我在」的這份覺知。能看的主體和所看的對象，都消失了。我只告訴那些準備好了要聆聽的人：能出現的，就註定會消失；最偉大的展現是「我在」之知：在出生前和死亡後，都是不可見的，而當一旦可見了，那就是一個實物。許多偉大的聖人出現又消失了，都是因為「我在」這一強大的種子。當命氣[23]離開身體，覺知[24]失去支撐，就消失了，也就是說，它不可見了。

我所闡述的是非常深刻的。你甚至可以成為梵天，獲得身為梵天的體驗，但這種體驗不會一直持續下去。所有的體驗都歸因於「我在」這一種子。種子和體驗都會消失，甚至你最美好的記憶總有一天也會消失。「我在」之知是有時限的，你所有的認知都是從「你在」這一概念中萌生出來的。

無數的聖人來了又走了，他們現今還有體驗到「我在」這狀態嗎？他們沒有力量使自己的存在

---

22 這裡用的字*Nisarga*是梵文，「自然」、「本性」之意。尼薩迦達塔本人的名字Nisargadatta中，也包含了*Nisarga*。*datta*是「被賜予」的意思，所以Nisargadatta有「自然而得」、「本來具備」之義。

23 命氣（*prana*）是身體中循環運作的「風」或能量，其在身體裡有五個組成部分：⑴循環全身的風（*Vyana*，遍布氣或循環氣）；⑵肚臍部位消化食物的風（*Samana*，平住氣或消化氣）；⑶咽喉部位使聲音得以發出的風（*Udana*，上行氣或語言氣）；⑷肛門處排泄的風（*Apana*，下行氣或排泄氣）；⑸口鼻中的呼吸之風（*Prana*，持命氣或呼吸氣）。

24 在尼薩迦達塔這一派的著作中，一個英文單詞如果有特殊含義，通常會用首字母的大小寫來分別代表世俗和靈修層面的意思。一般的慣例是，knowledge 一詞，首字母小寫的形式，代表的是「覺知」、「知識」等含義，而首字母大寫的形式，Knowledge，代表的是「明覺」、「真知」、「智慧」的含義。本書的英譯本並沒有用此方法，所以中譯者酌情，根據上下文來判斷該詞具體指的是否是靈修層面的含義。

感[25]得以永存；他們的「我在」不見了。聖人沒有對這個世界做出一丁點改變，無論發生了什麼，只是發生了而已。

提問者：但馬哈拉吉曾說過，由於智者的存在，整個世界都爲之受益。

尼：這是說給無明中人、依附身心之上的人聽的。沒有「我在」，你還需要什麼嗎？

問：我聽糊塗了。

尼：誰在說話？對誰而說？

問：對我自己。

尼：如果你（「我在」之知）真的糊塗了，這種糊塗的感覺你是怎麼知道的？你被概念帶跑了。這個無窮小的種子包含了整個宇宙。你漏掉了這一點，從而沒有真正明白我的意思。我一遍又一遍地告訴你的，正是「我在」這個基礎。

請找出你的真實身分。能出現的都會消失。羅斯福或甘地現今還能有什麼做為？他們曾經發號施令的地方，如今都已人去樓空。他們為什麼不說話？命氣一離開身體，再偉大的聖人也說不了話了。

問：在《薄伽梵歌》[26]中，黑天說無論哪兒有災難、無論哪兒沒有教法，他就會前來拯救、復興。

尼：這就像四季一樣，循環更替。在這個循環中，真我的更深層次含義就會被領悟。一旦你

---

25 beingness是尼薩迦達塔·馬哈拉吉開示中的一個常用詞。有時候指的就是「我在」（"I Am"或I-Am-ness），是當下的自我存在本身；有時候指的是「『我在』之知」（Knowledge of "I Am"），是存在感（感到自己存在），是對自我存在這一事實的了知；還有時指的又是整個外在的現象世界……在表示一般的世俗含義時，我們將其譯為了「存在」、「存在感」，偶爾情況下，這個詞在表達更高層次的靈性含義時，被譯為了「本性」、「自性」、「本然」、「本然存在」、「如是本然」或「本來面目」。在已經出版的尼薩迦達塔·馬哈拉吉的另外兩本譯著《能知之力與究竟實相》和《先於能知之力》中，更多時候我們是將其譯為了「本然」和「本然存在」。

26《薄伽梵歌》（*Bhagavad Gita*）出自於印度兩大史詩之一的《摩訶婆羅多》（*Mahabharata*）〈毗濕摩篇〉23-40，描述了阿周那與黑天之間在俱盧之野戰爭前，在戰場上的對話。當時的阿周那看見許多親戚朋友都在敵對陣營，感到難過而困惑，因此向正在充當他馬車夫的黑天尋求指導。黑天向阿周那展現他與宇宙為一體的神身，最終成功說服阿周那參戰。

解開了「我在」的謎題，所有的問題都會一掃而空。

問：有時我感覺很好，有時很糟，有時極爲幸福，有時卻又很沮喪。我知道這就是頭腦；吠陀上說，頭腦是從月亮中生出來的[27]，因此它有陰晴圓缺。

尼：答應我，來到這裡以後，把你的頭腦擱在一邊。好和壞只存在於頭腦的領域。放棄你從頭腦中得到的一切。

問：究竟是什麼讓我來這兒並坐在您腳邊的？

尼：這無法用語言來表達，你可以隨便稱呼它。月亮象徵著頭腦，而心念就像一種液體，因為它不停地流動。只是坦然地，平心靜氣地，觀察心念的流動，不要把抓。安住於離言的「純淨我在」[28]的狀態中。

你賦予了言辭意義，而最終言辭還是消隕了；最後，可感知的和可觀察的進入到不可感知和不可觀察的狀態中。把那個找出來。你會慢慢地明白過來，並且得到安寧和休息。你什麼都不用做，「它」發生了。你談到的知識是你讀到的和從別人那裡聽到的。除非你對自己的真我有信心，否則你必須依賴其他的權威，但我是立足於自己的真實狀態在跟你談話；我是怎麼經歷的、我是怎麼看到的，我就怎麼說，我的話沒有引用《薄伽梵歌》或《摩訶婆羅多》[29]。聊到《薄伽梵歌》，就要知道它與你有關，裡面的每一個字都與你自己的真我有關。

27 頭腦像月亮一樣，要借助真我之光才能工作，就如同月亮不能發光，要借助太陽才能有光亮。

28 英譯本中區分了"I Am"和"I Amness"。本書中，則分別譯為「我在」和「純淨我在」。「我在」（"I Am"）指的是帶有自我存在感的覺知，而「純淨我在」（"I Amness"）就是「純淨明覺」（Pure Knowledge），是最精微的明覺，不帶有自我存在感，是遍在的，是超越了自我的。也可以認為，「純淨我在」就是能知之力。「臨終三部曲」其一，《能知之力與究竟實相》中的英文書末辭彙表註明了"I Amness"等同於梵文的*Chidakash*（能知虛空）。

29 摩訶婆羅多是印度兩大史詩之一、另一部是《羅摩衍那》。根據印度民間說法，該史詩的原始作者為廣博仙人。全長七萬四千頌，此外還有一些散文句，總共有一百八十萬個單詞。內容主要講述了俱盧家族的兩兄弟，持國和般度的後代，為爭奪王位，最終導致發生俱盧之野的大戰。

你就是整個表象顯現

一九七九年七月二十二日

提問者：能知之力就是見證者嗎？

尼薩迦達塔：對任何可見的東西來說，能知之力都是見證者。但還有另外一個基底（principle）見證著能知之力，這個基底超越了世間。

問：請問您是如何見證能知之力的？

尼：你正坐著，你是如何見證到這一事實的？毫不費力還是需要努力？

問：毫不費力。

尼：道理其實是一樣的。從身體的角度出發，才會得到「你在努力」的看法。認定「我在」，所以造就了整個世界。見證那個「我在」之知的，是先於「我在」之知的存在。試著瞭解你自己的本來面目，不要添加任何限定條件。就像你用不同的食材烹飪各種菜餚一樣，你也想製造出點什麼出來。見證，或者說是覺照，就像你觀察自己的深度睡眠一樣。只是那樣而已。

問：我不明白。

尼：這是不能靠理解的。你必須自己去冥思。任何出現在冥思螢幕上的東西，都肯定會消失。而那個「冥思者」會一直存在。

問：「冥思者」不也是頭腦的概念嗎？

尼：概念和頭腦是「冥思者」所發出的一道道強光。

問：「我在」是我們所感知到的一切的總和嗎？

尼：是的。「我在」自發地出現並消失，沒有棲身之所。這就像一個夢境世界。即便是求道者，也不要試圖成為某物。你就是整個表象顯現。樹已經在種子裡了。這就是這個「我在」。如其本然地看著就好了，不要試圖介入你所看到的。理解了這一點後，你還需要什麼呢？

問：什麼都不需要了。

尼：你必須在這種信念中穩定下來。明覺，是整個宇宙之靈。不要捲入悉地（靈修神通）之中。雖然你可能無意追求神通，但在你周圍可能會發生一些奇蹟，不要把這些攬在自己頭上。你的崇拜者距離你一千公里遠，卻可以見到你現身在他面前。每當崇拜者讚揚你的智慧時，智慧就會化現為一個具體形象。不要認為是你在作為。聲音充滿了整個空間；同樣，「我在」之知也會充滿整個空間。一旦你明白了這一點，對你來說就沒有死亡了。如果你認為自己是一個個體，你就肯定會死。

求道者總想要成為什麼；如你本來，就好了。如果有人來找你，你會自動地說出話來。雖然你可能沒有研究過吠陀，但無論從你之中流淌出什麼，都將與吠陀和奧義書中的內容一致。在發言的時候，你一點都不會覺得自己是一個智者或一個覺悟者。

問：我現在能感受到「我在」帶來的負擔。如何才能拔除？

尼：還沒有種下，怎麼會有拔除？

問：我知道，但我的頭腦覺得我應該拔除。

尼：頭腦能認識到最高奧義嗎？不要被頭腦牽著鼻子走；頭腦正在跟著它自己的習性走。你認同了頭腦，還當它的代言人。

要何其地堅決啊，頭腦才能在天空或虛空中做出改變？

虛空是「我在」的眼鏡，「我在」透過這副眼鏡觀察世界。五種感官不知有你，你卻對五種感官瞭若指掌。

問：請問您指的「你」是什麼意思？哪個「你」？

尼：既然你感受到了二元性，我指的是你內在的那個能聽的。

問：我不是我外在的「知」。

尼：你的確在「知」之外，並且認出了它。如果你說你是「知」，那麼你就是整個世界。你和「我在」是分開的。「我在」本身就是一種幻覺。「我在」之知和整個世界都是摩耶[30]的把戲，沒有實質。其實沒有語言，你言說是為了滿足你自己。

30 *Maya*，摩耶。字面直譯為「不是（*ma*）那個（*ya*）」，即無明幻相，幻覺。

你知道有飢餓、口渴、醒來、睡著的這些狀態。沒有這些，你是什麼？你認為這些都是你永遠所需要的；這些都是原初幻覺[31]的把戲。「我在」是有一定時限的。你會跟這些幻覺聯繫多久？

問：記憶讓世界看起來真實。除非記住了綠色，否則就沒有綠色。

尼：記憶就在「我在」裡面。周而復始，是摩耶的遊戲。如果你八天都睡不著覺，你能活下來嗎？

問：不能。

尼：也就是說，你將超越清醒和沉睡的狀態[32]，簡而言之，幻覺終會消失。

問：早上起床後，我是怎麼覺察到「我在」的？

尼：你是不會明白的。就像一部電影，它已經存在並且正在拷貝。這種化學要素[33]被吠陀稱為最偉大的法則；它被稱為「梵胎」[34]。「我在」在深度睡眠中被遺忘，但出現在醒著和做夢的狀態中。

問：我怎麼會記得以前的事情？

尼：這是「我在」的本事。你認為自己是什麼？

問：我是見證者。

尼：什麼的見證者？

問：身心的一切活動。

---

31 在羅摩達斯《給弟子的忠告》第十篇第九章中，對「原初幻覺」有詳細介紹，這涉及到宇宙的起源。代表「純粹能知」的「原初陽性」和代表「能量的表現形式」的「原初陰性」合在一起，共同組成了「原初幻覺」。

32 清醒和沉睡狀態的循環交替代表了「活著」。

33 在本書中，尼薩迦達塔·馬哈拉吉在使用「化學要素」（chemical）這個詞時，通常指就都是存在感或能知之力。

34 這是印度教傳統中的一個概念，指宇宙最初的形態，像「卵」一樣，然後從中孵化、長大。在印度往世書中，稱之為 *Brahmanda*，*Brahm*即「梵」，*anda*為「卵」之意。在奧義書中，則稱之為*Hiranyagarbha*，意為「金胎」，指的是同一個概念。

尼：這是還在只認同身心才會有的特徵，而不是認知了真我後會有的特徵。食物放久了，會生蛆；身體也就像不新鮮的食物，真我在其中蠕動。隨著身體逐漸腐敗，「我在」那隻蛆運作著。那個味道就是「我在」，不需要舌頭就可以享受的滋味。我們對這種不新鮮的食物味道太自豪了。你想瞭解什麼？

問：我的真實自性。

尼：只要你還認為身體就是你，你就不會得到真知。在馬拉地語中有一句話，「借來的妻子」，就必須歸還。同樣地，這個身體是借來的東西；你必須歸還。對身體的這種自我認同，必須消失。

問：如何才能成功地擺脫這種自我認同？

尼：嘗試著去探究深度睡眠和清醒狀態。這些都是有時間限制的。若是沒有清醒和沉睡的體驗，試著問問自己你是什麼。

問：那我就無話可說了。

尼：你確定嗎？吠陀也說「這不是，那不是」[35]，而最後才保持沉默的，因為這無法用語言表達。如果沒有深度睡眠和醒著的狀態，你知道你是什麼嗎？或者你能體驗到「我在」嗎？

問：不能。

尼：出生了的是什麼：真正的你，還是這兩種狀態？一旦你來了這裡，你就會很快被清算。你會從這些狀態中選擇哪個狀態當作是你自己？

問：什麼都不選。

35 奧義書中認為，究竟的「梵」是不可能直接認識的，只能通過否定一切可以指認的對象來瞭解和描繪，即 *"neti, neti"*（不是這個，不是這個）。商羯羅強調這一否定的方法，成為不二論吠檀多的一大特徵。

誰是智者？

一九七九年八月十二日

尼薩迦達塔：你們幸福嗎？

提問者：有時幸福，有時卻不幸福。

尼：誰在這麼說？告訴你幸福或不幸福的是誰？

問：我能看到幸福，在覺知裡有這麼一種感覺。我是漠然的：無論發生了什麼，無論在我的覺知中出現了什麼，我都不關心、不感興趣。我與它毫無關係。

尼：這不叫漠然，而叫超然。不再有所謂的不快樂，你也不擔心任何事情——這就是那種狀態，真正的狀態。對這個世界上的任何東西，你都沒有執著了嗎？

問：無論發生什麼，都無所謂得與失。

尼：這是怎麼做到的？

問：我不知道。

尼：不要因為別人這麼說，就依樣畫葫蘆。聽了這些教導後，你應該表現得像個國王或君主，這才是該有的行持，無論是內心裡還是外表上。*Aham Brahmasmi*，「我即是梵」。聽懂了沒有？

問：我不知道。

尼：你還想問什麼嗎？

問：這種感覺，這種覺照著我自己的感覺，會產生一種很大的壓力。一直會覺得頭痛欲裂。

尼：當這發生的時候，你應該是那個的見證者。你意識到了覺知，所以你是超越它的。你就是那個的見證者。

問：這種感覺一直在那裡。

尼：你的覺知並不在身體裡。因為你還被那副身體所吸引，所以那種感覺才沒有完全消失。你的覺知對你的身體投以了關注和愛；因此，就會感覺到有壓力。

你現在了知著你的覺知、見證著你的覺知。以前那樣是不對的，因為那時你還把自己當作是一副身體。現在你知道你不是身體，你也知道你不是覺知。

以前，在聽聞這些教導之前，在你來印度之前，你稱之為「覺知」（consciousness）的那個其實是頭腦。現在「覺知」這個詞代表的是「明覺」（*Jnana*）。

尼（對另一個人說）：那你達成目標了嗎，你幸福嗎？

問：哦，是的，早就達成了，上次當我離開這裡的時候就心滿意足了。

尼：在有過許多體驗之後，你現在確定的是，之前的體驗都沒啥大不了、都是一樣的。你能不被發生在世間的種種體驗影響嗎？

問：是的，這我能確定。

尼：世間一切的誘惑你都淡然了嗎？還受影響嗎？你達到這種境界了嗎？還是說你仍然渴望得到別人的尊重，仍然渴望得到更多的知識、學問？

問：我不再執著了，所以我也不渴求。沒有什麼值得我留戀的東西，但是，誰知道呢，如果又碰上什麼令人貪著的東西，或許我會陷進去。

尼：有渴求就意味著你認為它有一些好處、能從中獲益。

問：那是徒然的，最終都不會有什麼結果，所以是白花力氣。

尼：既然如此，你已看清一切、洞悉一切。那麼，最終留下來的是什麼？

問：留下來的「那個」是感知不到的。

尼：有什麼是本質的嗎？什麼是最根本的？

問：最根本的「那個」不是一個客體對象。

尼：你證得了「那個」嗎？

問：不，我沒有，因爲它大過我，我又怎麼見得到它？

尼：當你逐一經歷各種體驗的時候，你有沒有意識到，有「某物」從一開始就在那裡，而你卻沒有覺察到？你是否意識到有「某物」高於所有這一切體驗？如果你找到了「那個」，你能安住於它嗎？或者說你還仍然在這些體驗中流連忘返？

問：我並沒有在體驗中流連，還有就是，對，我可以安住下來。這就像人在船上：人不認為水在移動——知道是船在移動——但知道水在那裡。不必對自己重複道：「哦，是的，我在水面上移動。」是什麼在動呢，你在下面的「那個」之上移動。

尼：你在經歷所有這些時，有沒有意識到這一切都是虛妄，不真實的？你體驗到了什麼？

問：我體驗到的是，我正在經歷的是我自己創造出來的投影。

尼：那些幻覺、那些投影，只不過是來自你真我的非常微小的變動，你難道沒有意識到這點嗎？

問：哦，對，有意識到。

尼：當你意識到這一點時，難道你沒有瞥見最古老的「那個」、無限的「那個」是什麼嗎？

問：我不受體驗的限制，或者說不受體驗帶來的局限的限制。

尼：這個世界千變萬化，歷久彌新，但它只不過是古老的「那個」產生出來的念想，以及變現出來的戲法。那麼，又怎麼能說你不受限制呢？你是在否認世界的存在嗎？

問：不，我並非是在否認它的存在，我是在否認它的眞實性。

尼：假設你有一個孩子，這個孩子去了廷巴克圖（Timbuktu），成為了那裡的國王。但他仍然是你的孩子，不是嗎？

無論發生什麼，一定有個見證者在那裡說，它正在發生。任何行為，一定有個先於行為的人，有這個「祖先」在那裡旁觀著，這樣事後他才能敘述出來發生了什麼。

問：那個見證者，是「究竟實相」嗎？抑或它還是處在覺知的層面？一定得有人見證著事情的發生嗎？

尼：我在談論的不只是這個見證者。我是在向你指出，我們的內核，我們真正的「祖先」。

從一個漿果，可以長出整片結滿漿果的灌木叢，所有這些灌木都長了出來。而源頭，只是那一個漿果。

有一個基礎，在觀察著創造，也觀察著創造之前，那個基礎是什麼？是究竟實相。只有「不存在」這一狀態，或無覺知的狀態才能知道有了覺知。那個狀態是沒有「我在」的狀態。

很多人在談論的，是習氣、心念，以及覺知領域中的各種活動。他們還會告訴你，你要這樣做或那樣做，如此一來，就會收到這樣或那樣的效果；但是，可有人告訴過你覺知出現之前的狀態嗎？

初學者（在靈性道路上）通常都是些追求解脫的人，稱之為「求解脫者」（*mumukshu*），他剛剛踏上了靈性探索，還認為身心即是自己。總是想從身心感受的層面上獲取好處，或衡量得失。然後，他遇到了一個上師，上師告訴他：「你不是身心，你是顯化的『我在』。」「我在」相當於顯現出來的世界，但等他了悟到「我在」之後，他會在那裡安住下來，並發現自己不是身心，他是整個顯現；在適當的時候，他也會了悟到：「我不是那個『我在』，不是那種覺知，也不是那個顯現出來的世界，其實我是究竟實相。」

你怎麼不說話了？是因為疑惑，還是因為你沒有疑惑了，已經企及了那種寧靜？

問：這就是「我在顯化」（"I Amness manifest"）的超然狀態嗎？

尼：你把什麼叫做「我在」？

問：覺知。

尼：你知道覺知嗎？你見證著覺知嗎？

問：我不知道。

尼：你用這個詞指的是什麼？

問：我所感知或知道的一切。所有的一切。

尼：誰了知著覺知？

問：我不知道。

尼：你不知道的那個，就是最古老的。

問：似乎在覺知中，體驗才不斷變化，同時，有些東西保持不變。

尼：因為無知，你曾經稱它為心，但這種明覺，其本身就是對整個顯現的了知，就是顯化的力量。它是整個顯現的源頭，即原初幻覺。它就是「大自在」（*Mahesvara*），是最高的自在主[36]，即名為「阿特曼」[37]。

問：這個名字指的是什麼？

尼：你擁有的「我在」之感，即離言之「我在」，就是阿特曼。它是非常活躍的，是一直運動著的。覺知是究竟實相的心，是明覺之力，是記憶之力，是「我在」的消息。

問：有顯現的狀態——那是一種執著的狀態嗎？

尼：它的出現或產生都是自發的，跟執著無關，但一旦它顯現了，執著也就出現了。你們現在全都沉默了，都不敢問問題。

問：事先是有準備了一些問題，但您一到場之後，問題就消失了。

尼：在無明的子宮中，明覺就在那裡，當瓜熟蒂落之時，明覺就成為了這整個外顯，但在無明之前的，是偉大的「祖先」。

只有在「不知」的基礎上，你才能擁有用來「知」的明覺。首先，你什麼都不知道；然後，在那個「不知」的基礎上，這種「知」萌生了出來，但基礎只是無明。雖然是無明，但當它成熟時，就成為了明覺，並在其外在顯現中變得豐富多彩，但其前身仍然只是無明。而無明出現之前，「究竟實相」這位祖先早就存在了。

問：智者的標誌是什麼？

尼：認為自己是智者，是覺悟者，或充滿了智慧，都是愚蠢的。人一旦覺得自己充滿了智

36 也作*Isvara*或*Ishware*，指「大自在天」、「自在主」，但通常也泛指「神」。*Iswara*的狀態，就是神的遍在的狀態。

37 「阿特曼」（*Atman*）一詞，也就是指「真我」（Self），但通常只相當於「純淨明覺」（Pure Knowledge、Pure Consciousness、*Turiya*、*Sat-Chit-Ananda*）或能知之力，一般不會用「阿特曼」來指代「超梵」（*Parabrahman*），因為*atman*加了前綴*para*，即*Paratman*（至上真我），才相當於「超梵」。

慧，就會想要得到社會的認可，想要有地位——這是愚蠢的。

誰是智者？智者不覺得他自己存在，那誰又來認出誰呢？出於無為、自然任運，無數的創造物每時每刻都在變化著，並且四處都充滿了混亂。一個智者會允許這樣的事情發生嗎？

智者明白，從無明中形成了明覺，在這個過程中，一切才得以發生。但由於基礎是無明，所以他不會干涉，同時也因為他不覺得自己存在。智者沒法集中他的注意力，因為他沒有焦點。

英文翻譯插話：馬哈拉吉口中的智者，或知者（Knower），即等同於究竟實相，他不會特意關注任何事情。見證發生了，他沒有在見證。他超越了那種屬性、那種關注。而你，作爲覺知，無法對「那個」投以關注。它是無法被了知的。

問：馬哈拉吉能見證自己的深度睡眠狀態嗎？

尼：哦，是的，我能見證得很清楚。

問：我有過這樣的體驗，一切，包括身、心，都存在著，但同時，又什麼都沒有。

尼：那仍然是一種體驗，而「體驗者」是不同於體驗的。你可以用千萬種方式來描述體驗，但你無法描述那個「體驗者」（究竟實相）。

英文翻譯插話：馬哈拉吉說的是，究竟實相是無法描述的，而我們只能談論顯現出來的事物。並不能說馬哈拉吉「他知道」。究竟實相就在那裡，與知不知道無關。

尼：醒著的狀態和睡著的狀態，都不知道在它們之前存在的是什麼。覺知不知道那個狀態，那時它還不存在。究竟實相才知道，但它不屬於「已知」（the known）。

無知無覺中，「知」（knowing）出現了，是自發的。一旦「知」消失，那就什麼都沒有了。「知」產生了五大元素。當「知」消失時，你依然存在。只要「知」還存在，就好好利用它去參究。我被蠍子的刺蜇了一下[38]，那蠍螫是什麼？這蠍螫，就是「我在」。因為你無法忍受「我在」的螫刺，所以你四處奔波。為了消除這種螫毒，去留意「我在」吧，去觀照你的「覺知」吧。那個毒

[38] 尼薩迦達塔經常舉這個蠍子蜇人的例子，出自於伊喀納特（Eknath, 1533-1599）的某首詩。螫，比喻「知道」，本來沒有「知道」，突然被螫了一下，就知道了。

螫帶來了清醒狀態、深眠狀態、飢餓、口渴等等。要把握住那個螫刺，那個「知」。

問：必須要從束縛中解脫出來嗎？

尼：首先，你要知道什麼是束縛。然後，要連續二十四小時地緊緊盯牢你自己。一旦你了悟到「我不是身體或頭腦」，那麼自然地，你就解脫了。

說了這麼多，你覺得說的這些話有用嗎？任何的談話還有意義嗎？文字有存在的必要嗎？為了真正的領悟，真的需要語言嗎？

問：不需要。

身體不存在時，你是什麼？

一九七九年八月十三日

提問者：上師是最偉大的力量，他掌管外部世界，也掌管著內在的世界，比國王更有威德。這就是爲什麼他也是最高明的騙子：他憑空欺騙了你，但你卻當了眞，覺得自己失去了一切。

尼薩迦達塔：如果這是你的體會，那是相當貼切的。他侵吞了一切，包括你自己。這意味著，你並非是獨立於他的一個不同的個體。再也沒有你了，只剩下上師。

問：愛，使他成爲了最大的騙子。

尼：愛是根據每個人的需要而給予的。如果沒有需要，還能有愛嗎？

問：從這個角度看，不可能，但究竟實相一直與「愛」這個概念有關。爲什麼要把它描述爲愛？

尼：「他」不瞭解自己，「他」也不知道自己是什麼；「他」什麼都不需要，「他」不需要自稱「我在」。證得究竟實相的人，只被無知者稱為「智者」，但「他」並不會稱自己為「智者」或「究竟實相」。

問：爲什麼那些無知者會把智者理想化爲「愛」呢？

尼：對無知者來說，這是方便。只要他還沒有達到智者的境界，他就一定會有某種動力想要去達到他心目中智者的境界，所以他認為智者充滿了仁愛、慈悲、仁慈等等。這些都是無知者所確信的，並強加給了智者。

問：從無知者的角度看，這是正確的觀點嗎？

尼：是的，對無知者來說是這樣的。假設有一尊毗陀巴[39]的塑像，人們向他祈禱：「感謝祢的慈悲，我才活了下來」……諸如此類的話——說這話的就是無知者。為什麼無知者要供奉那塊石頭呢？因為他需要活著，他想讓他的「我在」得以永存、延續下去。這就是他崇拜那塊石頭的原因：想要繼續存在下去。

問：這難道不也是神用來引領無知者回歸究竟實相的方式之一嗎？

尼：是的，對於無知者來說，有很多方法或途徑。

問：這種本具的愛，不就是身體中蘊含的虔誠嗎？

尼：在我看來，愛是存在感的屬性。存在感即是愛。只有當這種「我在」出現時，才有愛。如果沒有「我在」，愛能顯露出來嗎？你有種衝動，想要存在、延續你的存在——這就是愛，或者說是貪著。

所有這一切顯現，就是這種存在感的海洋。你可以稱它為「梵之海洋」或「摩耶之海」。

問：那要如何超越摩耶，去到海洋之外呢？

尼：怎麼還會有「要去超越」這樣的問題呢？有另一種「存在」——其中存在感湮滅了。它不需要超越任何東西。它會需要一架飛機，一架波音飛機去往哪裡嗎？它從哪來，又要到哪去呢？先於「來」「去」之前，你就存在了。

---

39 毗塔拉（Vitthala），或被稱為毗陀巴（Vithoba）和龐達讓嘎（Panduranga）。印度教神祇，被認為是毗濕奴或其化身黑天的化現，其外貌是深藍色身體的童子形象，主要在印度南部各邦有信眾崇拜。

「我在」有節奏地迴響出「我在！我在！」。「我在」的感覺之所以存在，那是由於食物之身[40]和命氣。當食物的精華和命氣消失後，「我在」之迴響也就消失了——「存在」變成了「不存在」。

任何種子要發芽，水都是必需的。同樣地，要讓這種「我在」之知發芽，水和食物之精華也是必不可少的。在食物的精華中，「我在」這種特徵處於休眠的狀態中。阿特曼，即真我，他自己藉由食物的汁液或精華看到了「我在」。

問：覺知是人人共有的、普遍的、天生的、一體的，但為什麼會以這麼多不同的形式展現呢？

尼：那是它的天性。雖然本然存在（beingness）是一體的，但它以千姿百態的方式展現出來。

問：什麼是薩埵屬性（*sattva guna*）？

尼：食物精華的本質就是「我在」，也就是薩埵屬性。薩埵屬性等同於存在感，而存在感經由在外顯世界中受激發的羅闍屬性（*rajas*）和多磨屬性（*tamas*）而活躍。羅闍屬性表現為行為活動，而多磨屬性則表現為自我感，即認為自己是做者。薩埵屬性就只是存在感，只是存在而已。這三種屬性都是從食物精華中萌發而出的。如果沒有食物，「我在」就會消失，所有的三德也都會消失。

問：我們在心智的幫助下，當下就能感知到「我在」的火焰——其中似乎有一種拓展、一種進化正在發生。馬哈拉吉是怎麼看的，它在朝著什麼方向變化？

尼：走向毀滅。不管怎麼進化，最終都會走向滅亡。回到你之前談的問題：還有什麼東西是你想要保護，或不想保護的嗎？

問：我也不清楚。

尼：所有這些都依賴覺知而存在，你不想放棄覺知。

問：甚至連覺知我都不想在意。當馬哈拉吉談到眞我時，我想用棉花塞住自己的耳朵。

尼：待在這裡的是誰？

40 食物之身（food body）指的是攝取食物精華而形成的身體，也就是尼薩迦達塔常提的food essence body。

問：我不知道。爲什麼一定得是某個人呢？

尼：這樣說的是誰？

問：語言，只是語言在說。

尼：如果都沒了覺知的話，語言又有什麼用呢？

問：覺知是在的。但爲什麼我們要去認爲那個「覺」是無知的呢？

尼：這是什麼意思？解釋一下你要說的話。

問：本自現成的東西，又有什麼必要橫加些概念上去呢？

尼：如果你還覺得「該怎麼樣」或「不該怎麼樣」，在說這話的時候，那個基礎，到底是什麼？

問：本來怎麼樣，就是怎麼樣。

尼：很明顯，你感覺到你在，它從你之內萌生而出。當你感覺到你在的時候，所有的麻煩都來了；如果沒有這種感覺，就不會有麻煩。

問：爲什麼會有麻煩？是因爲我們在渾然天成的事物上妄加了名字和概念。能不能別去插手？

尼：這樣說的是誰？

問：領悟會在覺知中自然升起。

尼：那麼什麼是真正的麻煩呢？是世界在困擾著你，還是出現在你身上的覺知在困擾著你？

問：如果我閉嘴，就沒有什麼會困擾我了。

尼：你知道你坐在這裡，這本身就會給你帶來麻煩。你的麻煩是：你無法一直延續這種覺知，你也無法一直忍受它。當身體不存在的時候，當覺知不存在的時候，你是什麼？你還沒有領悟到這一點。

問：在身體存在之前，以及在覺知出現之前，無論那是什麼，它只是如其所是。

尼：現在你是存在的，你是有覺知的。這是因為你想要，還是說它只是自動地、自然地來到你身上的？

問：這似乎是自然的。

尼：你現在有覺知，這是自然出現的，不是因為你想這樣。這是個事實，對吧？

問：是的。我認爲所有這些靈修的想法，都在試圖賦予覺知一個意義，而當覺知想要擴展自己並成爲所有一切時，這成了唯一的麻煩。

尼：不，那對你來說還算不上麻煩。麻煩的是出現在你身上的覺知。只是因為那個，你才會給各種事物取上名字或不取名字、會做某些事情或不做某些事情。

問：這就是問題的根源。如果覺知只是它自己，而不是試圖將概念施諸於一切，就不會有麻煩。

尼：一切都是頭腦臆想出來的。

問：這就很簡單了。所有我們稱之爲生命的體驗，都發生在覺知的範圍內，而生命的意義就是體驗覺知的無處不在。所以，當終點到了，就來吧。難道覺知就不能看著並直面那個結局嗎？

尼：你能一直那樣嗎？

問：但讓我不能一直待在那種空無（void）中的，反而是尋找、探索、嘗試做這做那。

尼：只要個體覺知存在，命力就會存在，同時意念在流動，於是說出很多話來。這就是你的頭腦。只需要去明白——你和個體所生的覺知無關，就行了。它還是會存在，它還是會繼續，但你不去認同它，不會說，「我是這個，或那個。」

領悟這一點應該並不困難，因為最明顯的事實就是，你在。為什麼不專注於此，找出這是怎麼回事呢？看看在那之前的狀態是什麼。

英文翻譯插話：馬哈拉吉想知道你是否理解他對剛才另一個人說了什麼。對，就是你。

問：是的，他談論的是覺知。

尼：你明白覺知代表什麼嗎？

問：覺知就是顯現出來的一切。

尼：是誰在這樣說？

問：感覺說話的是那個我在。

尼：體驗到這一點的是誰？

問：覺知在體驗著它自己。

尼：是的。現在的這些談話，要多聽一段時間。不管在談論什麼，都要多聽聽。若認為「我已經正確理解了一切」，這本身就是先入為主的錯誤想法。

覺知，實際上不屬於個體，然後空間被創造出來，從而使覺知有了人身，受制於身體和頭腦。你覺得覺知局限於身心，但如果領悟到覺知其實不限於個體，那就沒有麻煩了。

因為「我在」之知的存在，我們才能進行所有的行為活動。每天早上醒來，你得到的第一個確認，就是又一次堅信「我在」。然後，因為你無法安住或安頓於「我在」，於是迫使自己忙碌起來。你站起來四處走動，行為活動於是展開。你讓自己參與各種活動，因為你想要保持那種「我在」的感覺。後來，「我在」之知在沉睡中忘卻了自己；只有那時，你才是平靜的。

問：禪修能得到平靜嗎？

尼：你為什麼會去禪修？就是為了安撫「我在」。伴隨著「我在」的出現，所有的痛苦都出現了。你必須自覺地去感受到「我在」的膚淺片面。

問：如何做到這一點？

尼：那個覺照，那個「我在」，一直存在於清醒的狀態下，但我們並沒有密切地去注視它。沒有其他值得關注的了，只是去留意「我在」這種覺照吧。

問：在深度睡眠的狀態下，還存在著什麼嗎？

尼：無論醒位[41]存在著什麼，都會融入到深度睡眠中去，並處於潛伏狀態。

問：什麼是正確的行為？

尼：讓行為經由你而發生，但不要把自己當作是做者。總會有行為需要透過你來發生，但不

41 清醒狀態簡稱「醒位」，而沉睡狀態簡稱「睡位」；夢境的狀態，簡稱「夢位」。

要說某些行為是好的、某些行為是壞的——評判不是你的責任。認為自己是做者，這種人是觀念、習氣和情緒的奴隸。智者旁觀著能知之力觸發的行為，但他不會隨波起舞。

問：擔心周遭的事情——覺知似乎患上了這種毒癮。

尼：是的，它上癮了，還有對感官娛樂也是一樣。假設我打翻杯子，水潑了出來，我會立刻拿起毛巾來擦拭，但我並不覺得我做了什麼蠢事。它已經發生了。就像毛巾吸水一樣，毛巾不會去想是它在做。

問：對這個「我在」的執念，是多麼怪異啊！

尼：雖然很怪異，但它會以具體的形式表現出來。我們都堅持著某些理念：要拯救世界、要行善積德。過去的偉人們有過那麼多偉大的理念和想法，但現今被拯救者和拯救者又都在哪裡呢？你坐在那邊，你又有什麼心願呢？

問：我希望一切和諧，遠離混亂。

尼：不要糾纏於名字和形象。要拋棄名字和形象。

問：爲何這麼簡單的事情就這麼難理解呢？

尼：因為無論你理解了什麼，你都在執著、在作繭自縛。把那種執著扔掉吧。無論你從此世間領悟了什麼，你都在畫地為牢。放下吧！你用來瞭解自己本來面目的方式，也要放下。

失去的比得到的更多

一九七九年八月十四日

尼薩迦達塔：你和你的上師在一起多久了？

提問者：快六年了。

尼：他教授的智慧、瑜伽……不管什麼，其目的是什麼，能說說看嗎？

問：他教導說，人類已經準備好了在覺知上邁出一大步，現在可以開創出一個覺醒的時代。到目前爲止，世界上所有的聖者、聖人和啓蒙者都在宣揚各種思想——思想改變不了什麼，但如果一小部分人類能借助他所宣導的禪修方法提高其覺知水準，最終的效果將會是普遍提升了人類整體的覺知層次。

尼：覺知是一體的，本就在那裡，那麼你要改善什麼呢？你打算怎麼改善？

問：但是，有一個事實是，在特定的形式下覺知可以發生轉變。

尼：是的，它可以改變，但無法永恆不變。

問：好吧，它不能成爲永久的。但這是不應該在覺知上進行這種改善的理由嗎？

尼：你可以把它變得更好，但誰來享受成果呢？

問：很顯然，這是一個非常重要的要點、一個困難的點，是需要去弄明白的。我們都知道，世界終將炸成碎片，有些人說，「讓其自生自滅吧，本就無常」。但大家卻不會允許這種變化現在就發生在自己的覺知中。

尼：那是自發的，無緣無故就會到來，你打算怎麼阻止它？整件事是誰造成的？請找出這場談話是從哪裡發起的，源頭是什麼？源頭是那個沒有維度的針孔——輕微的「我在」之感。但要去好好搞明白，它所創造的這整個外在顯現是什麼，談話是如何流出的，是從哪裡流出的？是從那個小針孔、那個沒有維度的「我在」的輕輕一觸，流出的。

你對我很生氣，你氣到不行呢，怎麼辦？你又沒法殺了我。我會增加，越來越多，增加百萬倍的我。我是站在那個立場上來談話的。你能摧毀我嗎？你看，無論死掉的是什麼，都在滋養這場幻覺，都是頭腦。而「他」，可以容受任何數量的死亡，「他」永遠不死。而摩耶也將繼續存在。

問：令人驚訝的是，馬哈拉吉似乎不喜歡這個「我在」。他似乎置身其外，沒被捲入其中。

尼：難道你覺得我應該喜歡那個麻煩？如果我愛那個「我」，會發生什麼？我會受更多苦，或者我會更有錢。又有什麼用呢？

英文翻譯插話：馬哈拉吉說，如果你們帶更多的錢來供養他，最後的結果會是什麼呢？將會有紀念碑，一塊美麗的石頭被打造和裝飾得莊嚴肅穆，矗立起來，受人敬拜。那對他毫無用處。

問：也許對他來說沒用，但這可以利益其他人。

尼：只對其他人有用，僅此而已。

問：馬哈拉吉是從哪裡找到勇氣的，能夠孑然獨立？

尼：誰需要勇氣？勇氣是你本具的。我為什麼要為這個身體操心呢？就在昨晚，古吉拉特邦有兩萬五千人在一夜之間死亡。我為什麼要為此處的這副身體操心呢？

我有信仰，我很虔誠，我曾擁有很多東西。這種「知」，這個針孔，我瞭解它全部的本質。但現在什麼都沒有留下，信仰也好、虔誠也好，什麼都沒有了。我曾經擁有的一切，現在都沒了。

英文翻譯插話：馬哈拉吉現在談話中的「我」，和他提及自己遇到他上師時的那個「我」，是兩個不同的層次。

問：那麼外顯出來的世界有什麼用呢？

尼：沒有「有用」或「無用」的問題。這是能知之力的本質，於其中世界顯現了出來。世界對一個認為自己是身體的人來說，是有用的。透過你的感官，世界看起來是真實的，但它只是暫時的，是過眼雲煙。它就像一種疾病，讓你覺得不舒服——這便是幻覺，是摩耶帶來的病症。

問：既然我們投生爲一副身體，那我們怎麼可能不是身體呢？

尼：如果你認為自己是一副身體，那麼你失去的會比得到的更多；如果你不認為自己是身體，那麼你說說看，你能是什麼？

問：若說我不是身體……但假如砍掉我的腿，我肯定會叫出聲來。

〔馬哈拉吉一把將菸灰缸放在金屬容器上，響亮地發出了「呯」的一聲。〕

尼：你看，它也感覺到痛，它也在叫……現在安靜了！你誤把自己等同為身體。那不是你。這是你需要去領悟的。

問：有時候會有一瞥：當我感覺不到身體時，沒有時間——那是永恆的。

尼：對。雖然大部分時間你都認同身體，但即使很短時間內你覺得自己不是身體，這就足夠了。「我在」的明覺，是從「無知」中萌生的；若回到「無知」中，它沒有「我在」的明覺，便將再次消融。明白了這一點，你就可以走了，無論你做什麼都無所謂，全都是神在做。你不再是做者，你從來都不是。燒毀電視機、破壞電視機，電視畫面裡的人物會不會感到痛苦，會死去嗎？你是沒有形態、沒有形狀的，你就像天空。你吸入的空氣——在你死亡的時候，它會感覺到疼痛嗎？它會再次融回大氣中，就像曾經那樣。

但是，光坐在這裡聽是不夠的。你必須禪修。

人之存在

一九七九年八月十五日

尼薩迦達塔：人的存在，意味著擁有兩種主要的狀態：清醒和沉睡。在這些狀態之前的是什麼？出生的又是什麼？是你出生了，還是清醒和沉睡的狀態出生了？清醒是為了記住「我在」，沉睡則是遺忘「我在」。除了出生的這兩種狀態之外，我們還擁有什麼？你為什麼不談談這個，談談這些有記憶和無記憶的狀態？如果這些都不存在，那你想要什麼？你來這裡是為了獲得哪種知識？如果你同意了我說的，為什麼明天還要來這裡呢？為了得到什麼？

提問者：我不想要得到，我想要失去。我想脱離這個概念的領域。

尼：如果這兩種狀態不存在，還會有概念嗎？

問：沒有清醒和沉睡狀態，還剩下什麼？

尼：不管剩下來的「那個」是什麼，沒有「有記憶」和「沒記憶」之後，「那個」仍然存在。清醒和沉睡的狀態是暫時的，這全都是源自那個化學要素、那個「大靈」（great Spirit）的偉大。從這個基礎中，這些狀態和這個表象顯現、這個世界，展現出來。

你不是清醒狀態，也不是沉睡狀態，若沒有這些，「你」就不存在。無論你以後遊走在哪裡，這場談話都會一再從你的腦海裡浮現而出，觸動你。

還在子宮裡時，這種「我在」就以無明的形式而存在了。然後孩子出生，幾年後，這種無明變成了具有認知能力的「我在」。黑天在領悟這種「我在」之前，他還是童子，處於童真的蒙昧狀態。後來他瞭解到，自己就是明覺。這種明覺抵消了童真時的無明。上主黑天在這種情況下闡述了真知，之後他融入了他的原初狀態，即究竟實相。

只要這種「無明—明覺」成對出現，就能互相抵消掉對方。就像這簇火焰，只要無明存在，明覺之焰就會存在。當無明耗盡，消亡後，明覺之焰也就熄滅了。

誰把你帶來這裡的？

問：阿南達瑪依（Anandamayi）、克里希納白（Krishnabai），以及拉瑪那道場裡的一些朋友。

尼：你的家鄉在哪？

問：我們都來自法國。

尼：在從事過所有這些身體和精神上的修煉之後，你想成為什麼？

問：眞我。

尼：你們的上師有為你指出你的真我是什麼嗎？

問：它已經存在了，我們只需要把它找出來。

尼：誰來找呢？

問：所有阻擾我眞正活在當下的障礙，必須清除。

尼：誰來清除障礙呢？

問：我。

尼：你是誰？

問：有一種知的要素，正在試圖找出答案。

尼：這個「覺知」——是誰跟你提到「知」這個詞的？

問：我一直嚮往走上這條道路，有某種力量在驅使著，引導我走向這條道路。

尼：那你又何必糾纏於語言呢？你知道你在，不用別人說你是存在的，你自動就知道了。

問：有很多障礙在障蔽著這種覺知……

尼：讓我們以後再來處理這些障礙、業習[42]，眼下先搞清楚，什麼是真我，那即是「我在」之知。這個「我在」是首先出現的，不是嗎？它是很基本的。那個「我」必須先存在，然後你才能說你有了障礙。你們會在孟買待多久？

問：再待五天。

尼：如果你已經在排隊，也拿到了接受這份靈性真知的門票，那麼無論有多少障礙，都會被掃清。但如果你沒有排上隊，你就會四處亂逛。最初你必須明白，「我在」之知是食物精華的產物。當你知道你在時，世界也在。

就像鹽在海水中一樣，同樣，在身體裡，因為與命氣結合在一起，「知」出現了。正是「知」，而並非是身體或命氣，感覺到了痛苦或快樂。一旦你知道你不是身體，所有關於痛苦和快樂的概念都會自行消失。你相信這是對的嗎？

問：是的。

尼：從這裡，你瞭解到了你是什麼，接下來你必須親自去體驗。要靜下來，好好看著你自己，這就是所謂的禪修；要溫習你在這裡聽到的，這也就是所謂的修行。

上師、神、你自己的明覺——這三者是一體的。如果你體會到這一點，你就會變得寧靜。上師意味著明覺，明覺意味著「我在」。「純淨我在」其本身就是上師。

42 *samskara*，梵文，行，諸行、行蘊、業行、業習。乃佛教中「五蘊」（色，受、想、行、識）之「行蘊」，指與識塵有關聯所產生的造作力。

我與問題無關

一九七九年八月十六日

尼薩迦達塔：人四處尋找靈性真知，但其實並不是真的在思考自己究竟是什麼，他們只是在鑽營自己獲得的知識和概念。許多人來這裡之前都已經讀過《我是那》，他們來是出於好奇，想看看我這個人是誰。他們看了一眼，然後就離開了。如果你想有更多的收穫，那就靜靜地坐著，盡可能長時間地去聆聽，試著理解談話的內容。要理解的是什麼呢，明白嗎？

提問者：理解上我有困難，而且眼下感覺越來越費力。

尼：說這話的是誰？

問：是困難本身。

尼：無論需要明白的「那個」是什麼，它都在那裡，是「一」。在你獲得這種「我在」之知之前，你所處的狀態才是真正的狀態。只有在你得到了這種覺知之後，你才能認同身心。你所獲得的一切，包括身體和頭腦，都將離開，而且毫無用處，僅此而已。但是你的原初狀態，存在於你獲得身體之前，那就是真理，是真實的狀態，也將一直如此。

嬰兒已經成長為青年，然後是中年，再來是老年。在所有這些階段，你從生命，也就是「活著」或「存在」這件事情中所獲得的享受，全都是虛幻的。所有這些人生階段都將消失，以及你的領悟，即便那個也將消失。

問：馬哈拉吉談到的這些來去無常的體驗，是身體上的體驗還是覺知層面的體驗？

尼：你是怎麼獲得體驗的？

問：藉由感官。

尼：你存在的最初起因是什麼，你的存在是由什麼組成的？

問：我的存在就是這個「知」，所有發生的事情都已經包含在「知」中。我不同意會像您說的那樣，我們會失去「知」。身體可能會消失，但「知」中的所有經驗、「知」本身，都不會消失。消失的是這個身體的特定形態，但是「知」，也就是「知」本身，是不會消失的。它將再次出現在另一副身體中。

尼：你是怎麼獲得這副身形的？這一形態的成因是什麼？

問：那是另外一回事。

尼：沒有「第二」，也沒有「第三」，更沒有「另外」。我在跟你說話呢，這關乎你。我是在問你身心這一團聚合體出現的最初是怎麼回事。這副身體，這身形的出現，根本的起因是什麼？

問：男女二人相遇，結合在一起。這兩個人能結合，難道不是同一個「知」在延續它自己嗎？「知」本身在維繫著這一運作……

尼：我只想知道這種「結合」叫什麼名字，是何種相貌？

問：一切名，一切相。

尼：你沒有在聽我說了什麼，我的話無法觸動到你。安靜地聽吧。你知道你稱某人為父母的原因是什麼嗎？是由於身體，還是由於身體中的精華[43]？

問：由於精華。

尼：那其中到底發生了什麼呢？

問：我不知道。

尼：你覺得你已經是一個智者了，並且還要寫一本書，是嗎？

問：沒有，您誤會了，我沒有要寫書。我只是來見智者的，這就是我來參加這次開示的原因。

尼：那種頭腦不存在的狀態——要把你的注意力放在那裡，要留意這種狀態。你們都像是那種光顧過許多餐館、靈性餐館的人，為的是品嘗各種美食，嘗了一口又一口。

問：既然馬哈拉吉回答了所有這些問題，那爲什麼這些問題也會出現在他的頭腦裡呢？

尼：我與問題無關。

問：這是不會有結果的對話。

尼：在你看來是這樣的嗎？專心聽，領悟會發生的。你必須學會在不認同自己身體的情況下生活。所有的行為活動，甚至心念的流動，都來自於命氣。去關注明覺——這就是禪修。

---

43 指的是來自父母的精子和卵子。

問：念頭會抓住我們，把我們帶跑。

尼：念頭之所以有如此強大的力量，是因為它認同身體。

問：痛苦出現的時候，僅僅是看著痛苦，就非常困難。對此我心有畏懼。

尼：看著痛苦的，正是你自己。有了「明覺」，你就必須把握住「明覺」。把注意力放在這個「我」的感覺上，不要把注意力放在恐懼上，要把注意力放在你是什麼之上。一旦你知道了自己是什麼，你就會變得無所畏懼。把「死亡」這一概念從你的頭腦中移除，沒有死亡這回事。我保證，你是不會死的，那只是一個概念或想法。

你從童年就開始認同身體了，所以要擺脫也需要時間。

存在感為了維持自身，就需要去占有，但無論你得到什麼，都沒有價值，而「占有者」這一身分也沒有價值。你將會看透這個遊戲的空洞無實。只有在你還愚昧無知的階段，你才會把一切都看得那麼重要。我們太過於重視那些來去無常的事物了。

我談話的立場是，在那裡我對自己無有了知、我不知道我在。我不屬於清醒和沉睡狀態的領域，所以我怎麼可能視自己是這樣或是那樣的呢？其實，是你將我認定為了某物或是某人。

問：馬哈拉吉能稍微談一下體位法，或哈達瑜伽嗎？

尼：我不談論身體上的修行，不談瑜伽，也不談論你從瑜伽中學到的任何東西。我試圖闡述的是：你就只是我，我也只是你。我知道，你只是我，但你卻不知道，所以我想給予你這種教導、這種指認。修習這些身體上的瑜伽體位等等，會得到某種安樂，但那不是靈性真知。

問：修煉瑜伽就可以獲得神通嗎？

尼：在瑜伽的修習過程中，有些人獲得了神通，但瑜伽的成就有限。它不是終極的，也不究竟。而這個究竟實相，這個「永恆」，不會立即就能得到。世人沉迷於神通、神跡，只陶醉於此。他們會忙於那些事情，而不會專注在究竟的「那個」上。他們將再次投胎轉世。

與真我為伴

一九七九年八月十七日

尼薩迦達塔：「知」所獲得的體驗都是經由身體而來的，一旦審視身體，就會發現身體無非只是食物累積而成。

提問者：我身上有那麼多習性——飲食習慣、感官、貪欲、思維習性——隨便怎麼稱呼都行。而我聽說馬哈拉吉的開示就像是一首智慧所化的樂曲，那並非來自智力，而是馬哈拉吉奏響的智慧妙樂。對此我怎能視而不見？我也無法忽視「那個」，它一直都在。我知道一切都是從食物中產生的，但存在於我之前的「那個」，並非是食物，它就像是花朵，先於果實存在並結出了果實。

尼：擁有這些習性的是什麼？

問：作爲一個群體性、社會性的個體，我聽到了那妙樂。我又怎能無視這一點呢？

尼：所有這些體驗的基礎，那個基底是什麼？你必須把它找出來。夢醒時分，你似乎了知著整個世界。這場恰似過眼雲煙的大戲，一直處於不斷變化的狀態，就像一幅畫作一樣被扔在了你的「本然存在」之上。在這場幻覺中，我們認為「我」有獨立的人格、「我」是一個獨立的個體。但是，遍及一切處的能知之力並不具有這種有限的存在感。這種無所不在的能知之力，既沒有無明也沒有明覺，但無明和明覺卻在它之中產生。

我點燃打火機，你說火焰存在；我熄滅，你說火焰不存在。同樣地，覺知之火焰既存在，又不存在。直到你能離開語言為止，否則語言中就會有含義，但含義中其實什麼都沒有。意思本身是沒有意義的。

問：如果這些話沒有意義，那我們何必還聽您說呢？

尼：別聽我的，你應該聽從你自己的真我，看看你與真我相伴得有多麼緊密。

問：我們不知道如何與眞我爲伴。最糟糕的是我們總在逃避[44]。

44 這句話的英文是 It is so ugly that we always run away from it。ugly是「醜陋」的意思，但It is so ugly在英語中通常的意思是「這很糟糕」。ugly這個詞被當時的現場英譯者直譯了出來，所以尼薩迦達塔沒能準確理解提問者的意思，以為提問者在說自己很醜陋。

尼：但是你被俘獲在其中。即使你說自己是醜陋的、不喜歡這副皮囊，但你能把食物從它裡面拿出來扔掉嗎？這是你能決定得了的嗎？

播下的種子是那麼小，然而卻長出了如此多的花朵、果實、樹幹，一切都是從它裡面冒出來的。我吃下所有這些，我也吃了種子，而種子為我提供了能量和吃飽後的滿足感。當我成為真我之時，我明白那種存在感與我同在。有那麼多的欲望、那麼多的夢想，來到了這個知道「我在」的身體上。那種存在感已經掌控了這具五大元素的身體，而你必須找出身體用來維持自身的是什麼，那就是食物。

出生和死亡只是術語、名稱。當死亡來臨時，只意味著被稱為「出生」的那份體驗熄滅了。

問：聽馬哈拉吉說話時，我腦中冒出一個想法：死亡是美妙的，可以很快到來，並且是永恆的。

尼：若死亡是永恆的，那意味著永恆不變的超梵[45]。

問：除了聽從馬哈拉吉的話之外，還有其他擁抱真正死亡的方式嗎？

尼：如果你決定好了，最終決定，你不是這副身體，那麼死亡將是真正的死亡，死了就死了。因此，試著放下身心，放下身心帶來的覺知，就這樣生活吧。

身體依賴食物的精華，食物依賴五大元素，而對於無名的「那個」來說，五大元素相當於它的「命」。如果試圖找出自己的本來面目，那個源頭，你會發現，那裡沒有名字，沒有形相，也沒有個體身分。

問：我正在嘗試一種新的練習：無論我是什麼，我都不需要描述，也不需要命名，更不需要質疑什麼。無論我是什麼，我只是存在，僅此而已。不把任何東西看成是與我分離的，只是如是存在。

尼：如果你能做到這一點，那就用盡一切方法去做到；如果你能夠以這種方式獲得寧靜並理解真相，那是相當棒的！

45 超梵（*Parabrahman*）即「究竟實相」（Absolute Reality）。

說食不飽

一九七九年八月十八日

提問者：爲什麼我的領悟不穩定，轉瞬即逝？

尼薩迦達塔：這因人而異。所有人都可以從這裡聽聞真知，但每個人的表現各不相同。

問：我呢，我正牢牢抓住那個不變的覺知，但從那個覺知當中反映出來的領悟，每天都在變化，會截然不同。

尼：哦，是的。這種「我在」之知所展現出來的體會和領悟，不會一成不變，它每時每刻都在變化，絕不會固定在一種單一的體會上。

問：所以說，並沒有「究竟領悟」這回事？

尼：領悟開始於「我在」之知，也結束於「我在」之知。任何概念都始於「我在」這一首要概念。在逛遍了所有其他概念並放下它們之後，你還必須拋棄這個最後的概念，或者說是最初的概念。

問：最後的放下……是隨著這個最後概念的消失而達到的嗎？只要對此加以關注就可以了嗎？

尼：看這裡！看到這簇打火機的火焰了嗎？它出現了，然後消失，就像這樣。這簇火焰帶有任何概念嗎？沒有概念，才是最完美、最妥當的。當你試圖注視一個目標時，才談得上去看、去關注；假設你想專注於一尊羅摩[46]、黑天[47]或基督的塑像，那麼才會有專注或注視的問題。這些都只是「我在」之知而已。

問：問題是，我對覺知投注的關注越多，心中出現的概念就越大。

尼：你是如何將注意力集中在覺知上的？覺知本身就代表注意力的集中。

問：這就是我問題的意思。

尼：要去瞭解覺知，並得出結論：覺知並不是你的本來面目。

46 印度神話《羅摩衍那》的主人公。
47 印度神話《摩訶婆羅多》中的人物之一，也是《薄伽梵歌》的主角。

問：我做不到，我做不到啊！

尼：那就放棄吧！你想怎樣，我都幫不了你。我不會滿足你的要求，我並不打算給你任何你想要的。我只是要告訴你你是什麼，向你強調你是什麼。你想把自己轉變或改造成某種東西：「我想成為這個」、「我要去做那個」。我正在告訴你的是，什麼是你的源頭。最核心的是：你究竟是什麼。我不是一個雕塑家，你看，我不會為你雕刻出某個形象，讓你成為那個形象。

問：覺知本身需要將自己視爲萬物之起源，爲什麼需要這樣？

尼：你知道你存在，而且你想要繼續存在下去，因此就有了這種需要。雖然你一直說你明白，但還是卡在了某些地方，不是嗎？

問：一張牌。我還握有一張牌。

尼：把牌打出去！扔出去！會有什麼損失！？放棄遊戲吧。你要麼聽我的，要麼就不聽；你要麼來，要麼就不來。我知道你是什麼，你的本來面目先於你的「我在」。你父母相遇之前，我就認識你；你父母相遇後，我瞭解你的「知」（knowingness）如何被轉化到不同的階段、如何在不同的形象中成長，我全都瞭解。假設一個人已經一百二十五歲了，他從童年開始成長，步入到不同的人生階段，學過很多世俗的知識。而現在，無論他曾經學到什麼、獲得什麼，一切都已成為了過去。他躺在病床上，如今還剩下什麼呢？只有那種「童真之知」（child-consciousness），或者叫做「童真無明」（child-ignorance）還仍然存在。但那也將離開。會上天堂還是會下地獄呢？不，無明曾經出現過，無明也將消失。

問：那麼問題是，這種無明是否只能經由時間的推移才會消失，還是說現在就可以終結？

尼：甚至是在特定的情況下它也會消失。它靠食物和水來維持，如果不提供這些，它就會離開，消失。

問：但就馬哈拉吉自身的情況來說，雖然還有食物和水的供給，但馬哈拉吉也已經破除了無明。所以我想問的是，這個過程是不可避免的，還是說可以現在就結束？

尼：你必須去禪修。這不是白來的。入門的門檻只有通過「知」才能跨過去，你必須消融並成為「知」。通過安住於「知」之中，你會從中走出來，從而看清一切。禪修是唯一的方法。

問：越是深入「知」，它似乎越不可能被超越。

尼：不帶偏見地去好好試一試。置身於本然之中，試著安住於本來面目。你不會立即就能達到目標。第一步是：做你自己，只安住於你之本然。雖然從一開始，我就是那個遍在之靈（Immanent Spirit），即「純淨我在」，但你必須安住在沒有個體感的「如是本然」中。你現在覺得你是身體，但是當你安住在那份本然中，你就會知道，沒有身體的你是怎樣的。但也不要忘了，對「我在」來說，身體和命氣是不可缺少的。一旦你正確地理解了這三個部分（身體、命氣和「我在」這一消息），那麼你就從它們之中分離了出來。這三個部分的「知者」並不從父母而來。

問：馬哈拉吉沉浸在他的「如是本然」中，他到底明白了什麼，從而使他超越了「知」？

尼：你知道電視嗎？去禪修，然後你會切切實實地明白過來，其實就像看電視一樣。那時你會明白：我不是電視螢幕，電視的觀眾也不在那個裝置中。在禪修的過程中，更多的明覺會被喚醒，被你證得。而且，在同一過程中，你會明白你所理解的一切都不是你。

問：這就是爲什麼我之前說過，覺知越是去覺知其本身，概念、明覺就越大。

尼：是的，會這樣的，一個活生生的宇宙，甚至一百萬個宇宙都在你的「知」中。

問：那認知者呢？

尼：認知者和任何被認知的東西，都會消失。沒有什麼會是堅固的、永久的。這三者，父親、母親，還有你，是怎麼出現的？去質詢一下，去冥思這個問題。

問：父親、母親和我不是一回事嗎？都只是那種能知之力的流動顯化。

尼：不要再說了，試著去領悟。說食不飽，你必須真地吃到自己嘴裡。靠文字知識，你不會獲得永恆的寧靜，唯有真正認知了真我、了悟了真我才行。

存在感只會造業

一九七九年八月十九日

提問者：馬哈拉吉說的我怎樣才能達到？

尼薩迦達塔：要記得你的本來面目。「我在」之知已經從你的薩多屬性（存在感）中產生，並出現在你身上，那就是你之本然。薩埵、羅闍、多磨，這三德在萬象中遊戲。薩埵的品質，那種精華，就是知道你在，同時為你提供行動的基礎；羅闍是啟動因子，它讓你四處走動；多磨則是惰性的、頑固的。這種「我在」之知在你的身體出生後，降臨到你身上；在那之後，身體從童年開始自行成長並衰老。滿足了所有的野心、所有的欲望，做了所有想做的事，還剩下什麼呢？

最後剩下的只有一件事，就是「我在」。所以，貫穿整個生命，你必須記得去審視這個「我在」到底是什麼；否則出生與死亡對你的存在來說，就沒有任何意義，因為那個存在感也將在身體死亡之後消融。

問：肉體死亡後，存在感也會消亡嗎？

尼：存在感是「食物之身」所具有的特質。實際上，存在感是靠了食物，也就是你的身體而活著的。所有的身體都只是食物。那種「存在」的感覺出現在身體裡，而當身體垮掉時就消亡了。

存在感意味著愛、貪著，意味著那種自我感。愛包含在存在感之中，並且那種愛隨著身體的成長而增長。為了給予那個存在感越來越多的愛，人們向形形色色的外在顯現和琳琅滿目的物品索取著，以滿足這種愛。人們說：「這是我想要的舒適」，舒適是為了滿足身體和存在感，源自想要繼續存在下去的渴望[48]。為了滿足這種渴望，你必須娶個老婆，必須有一棟房子，還要有衣服等其他舒適的物品，最好還能一直這樣下去。這個存在感只會造業。事實上，沒有人出生，也沒有人死亡。實際是，存在感出現了，存在感又消失了。

48 love to be是尼薩迦達塔常用的一個短語，表達的是一種「想要一直存在下去的意願」，一種「求生欲」。自我（ego）、明覺、「我在」、存在感等等，都具有這種「想要存在下去的意願」，想要永恆存在的意願。為了簡潔，有些場合love to be被譯為了「存在的意願」。

問：業力如何從一生傳遞到另一生，對神來說，又會怎樣？

尼：真正懂得「神」這個詞含義的人，就是神本身。

問：存在感——這一覺知消融後，還會剩下什麼？

尼：看，打火機點燃了，現在又熄滅了，但這是否代表它死了呢？那個存在感，當它熄滅時，就會融入梵，回到它來的地方。

問：若存在感消亡，還會有業力嗎？

尼：若存在感不在了，還會有行為嗎？有存在感，才會有外在顯現，而行為活動發生在那個覺知的領域裡。並沒有人是做者，我們錯把自己當成做者。

那個「我在」就像一粒漿果種子。在那粒種子中，整片漿果樹林早就以潛藏的狀態存在。同樣地，這種「我在」是整個顯現的種子，行為發生在其中，但卻並沒有做者。種子是如何在果實中形成的呢？種子形成於果實汁液的精華中。種子一旦形成，意味著什麼呢？它記錄了樹在形成過程中的所有形態，這也被記錄在樹中，在適當的時候，這些訊息將傳遞到另一棵樹中，而所有這一切都只記錄在種子裡。同樣的道理也適用於人類的種子。當種子被種下時，它是何時記錄下父母樣貌的，從而種子發育後能獲得特定身形，呈現出父母的形象？其中的原理是什麼？

以電視螢幕為例，螢幕上你可以看到活動著的各種形象。這些形象已經記錄在了某個地方，而現在正在被播放出來。所以，即使我們喊著叫他們停下來，他們也不會停。這並不是一個特別好的例子。人類或植物的種子，從中可以生長出相同或相似的形象，其記錄功能是天然的，但電視的記錄功能，則出自於人類的聰明才智。

問：在佛教中，也找不到一個全面的解釋。據說殘餘的五蘊將傳遞下去，形成一個新的生命。

尼：不管佛陀的教義具體是什麼，這些都可以歸結為各種思想、各種觀點。在每個人身上，這些想法都在萌發，當它們自發出現時，人會做出相應的行為。人會遵循那些想法，因為他們對自己的想法有偏好，因為想法是從他們自己身上產生的。

我不喜歡追隨各種思想或別人的評判。在評判之中，最上乘的是黑天給出的——他說，我們必須主動放下評判、自己擺脫掉那些觀念，不要依賴其他人。

現在你聽了這些話，認識到你自己的最終位置——你真正的位置，你將不會再走失。你要立足於那裡。我的上師也向我指出了我的最終目的地，我已在其中站穩了腳跟。

要去留意的是自己的本來面目。當它不被關注的時候，那個基底難道就不存在了嗎？它是在的。這個基底完美無缺，離於任何的覺照。無需覺照，就是遍在的。永遠如此。

這代表什麼呢？我們所獲得的一切，都是梵的祭品。所有的覺知，這種「知」，都要獻給梵。

問：如果身體只是食物，餵養了存在感，那我們會爲身體感到不安，會因身體而對存在產生焦慮，遠離了平和、寧靜。

尼：你離開了身體，誰來享受那種寧靜？

問：即使我不認同身體，但我一想到它只是存在感的食物，我就會感到焦慮。

尼：你很小心，很想保護好你的身體，這沒問題。但請記住，這個顯現出來的身體，是依賴你所吃下的食物精華而存在的。

一切生物都是從蔬菜的精華或汁液中形成的，這對昆蟲、動物、人類來說都一樣。這種存在感，這種特質，就蘊含在汁液、蔬菜中，潛藏著。任何生物都有「知」，那個基礎就是去知道的能力。這種「知」並不只屬於誰，其實，只有這種存在感或「知」存在而已。

問：有不同種類的存在感嗎？

尼：透過不同的身體，「知」的表達是不同的。體型不同，口音不同，想法不同，聲音不同，口味不同，有無限多的變化。

問：存在感如何能有所不同？存在感只是一體的。

尼：就像聲音本身是相同的，但藉由不同的樂器表達出來後，聽上去就不同了。從同一個能知之力中，黑天化現出了他的身體；驢也是如此形成的，都來自於同一個能知之力。

問：三德依賴我們吃下去的食物嗎，還是說它們已經存在了？

尼：一開始修行，可以這樣去理解，認為一切都可以算作只是這種食物的精華。然後，從食物精華和命氣這個組合，以及那個「我在」開始入手；但接下來必須探究和理解，這個「我在」是怎麼出現的。必須去到根源處，根源處指的就是原初之處（*mula*），而「原初」意味著一切都還處在童年時期。那個「童年」是怎麼形成的？在這個過程中，去到源頭本身時，你會意識到「我在」包含了這整個顯化的宇宙，就像一粒種子一樣。為了更清楚地理解，以夢中的世界為例：在深度睡眠中，突然感覺到「我在」，那個「我在」就創造出了夢中的世界。同樣地，這個顯現出來的世界是由那個「我在」創造的。之後在尋找真理的過程中，你會了悟到這一點。對你來說，最後的進展是要超越這個「我在」，並穩定地安住在究竟實相中。

不要理所當然地以為，在理解了所有這些字面上的知識後，你就充滿了智慧。這樣想的話，就像是得了嚴重的便祕。若要證悟我向你們所闡述的這一切，其實靠的也是真我。

在這個存在感來到你身上之前，你一直都在，但你並沒有意識到自己——究竟實相根本不知道它自己。我們的真實狀態不屬於覺知，而是在覺知之前。

認同身體，就會和身體一同死去

一九七九年八月二十日

提問者：您的教導始於科學的終結。我自己在醫學領域及其他方面學了很多，但讀了您的書後，徹底折服了。您稱之為「阿特曼」的那個是什麼？我們了知的能力到底來自何處，處在身體的什麼位置？如果腳趾受傷了，我們會知道，但是這種知道是從哪裡來的呢？從頸部到頭部，有個能知道的，這種覺知從何而來？

尼薩迦達塔：它在梵穴（頭頂的開口）處。一些瑜伽士將命氣聚集在那裡，使自己得以安住，但他們不瞭解其基本原理。

有位聖者修習了長時間的懺悔，非常精進，最後神顯現在他面前。這位聖者當時身上很髒，所以對神說：「我得先去把自己清洗乾淨，然後再來見您。」當他把自己打理乾淨回來後，神就把他吞沒了。他們合而為一，安住在一體的美妙、大樂和喜悅中。你們現在所體驗到的一切，都是要被丟棄的汙穢之物，而在其中，有著一種覺知，或者說是存在感，一直存在著。

問：這是什麼意思？

尼：身體脖子以下的部分，充滿了酸腐食物的惡臭味，但那個「祕密之靈」，正是活在這個身體裡，卻不會被染汙。「他」就住在這裡，他的生命、他的感知或覺知，遍布了整個身體。「他」給了你一切的美好、一切的芬芳。你之存在，無處不在，四部吠陀都不知道該如何讚美你。

在那一滴「我在」中，整個宇宙都包含在了其中。但是，既然你了知那一滴，你怎麼可能是那一滴「我在」呢？「我在」揭示出了超梵，但它不是超梵。

問：那種覺知到底是真實的還是虛假的？

尼：覺知如夢如幻。既然你是虛幻的，所以世界也是虛幻的。這是一場幻覺，即摩耶。

問：為什麼這個幻覺、摩耶，創造出了所有這些有形的生命？

尼：農民生產糧食是為了食用，而摩耶生產出生命也是為了食用。摩耶不是以生命為食，而是以生命的死亡為食，若沒有那些身體，它就無法運作。

問：根據科學家的說法，物質是不會毀滅的，它總是從一種形態轉變成另一種形態。

尼：那個沒有變化的狀態、那個永恆不變的狀態是什麼呢？在那個平等一如的狀態中，沒有「我」，也沒有「你」——那裡什麼都沒有。只有「那個」，才是永恆的真理。你的真實本性是什麼？你將自己認同為什麼？如果你認同身體，你就會和身體一同死去。

問：我正試圖打破這種自我認同。

尼：覺得自己是一個個體，這本身就是一種束縛；想要打破這種束縛的那個人，也是想像出來的。你怎麼可能摧毀本就不存在的自我呢？「我在」之知是最初的無明，你用它獲得的任何覺知，也都是無明——要回到你無明的源頭處。

有了點一知半解，我們就認為自己充滿了智慧、領悟深刻，這都是臆想。只有沒有想法，才會有深刻的領悟。去證悟那個無念的狀態吧。不要擔心其他人和其他事。去自己探究，試著找出，你是怎麼就存在了呢？

「了知」的那個基礎——它以心為它的語言。但最終，任何被了知的和能了知的，都會被清空。許多人都已經明白，他們已回歸寂靜。

如何走出生死循環？

一九七九年八月二十一日

尼薩迦達塔：能知之力無處不在，潛伏著或以其他的形式存在。首先有了能知之力，然後才有萬物、天空、大地和一切。

提問者：這個能知之力，它不等同於「我在」，即個體的覺知，是嗎？

尼：只要一想到覺知，其實我們想到的是身體，但那是錯誤的。在清醒和沉睡狀態之前，原初的狀態就已經存在了。

問：人死後，「我在」會消融掉，所以這不同於能知之力。

尼：你現在說的，是個體性的覺知，還是遍在的覺知？

問：遍在的眞我。

尼：遍在的那個覺知，就是能知之力。世界就是從那個之中誕生的，它超越了個體的視角。

問：「我在」和能知之力有什麼關係？

尼：就像點燃的香，一端的火苗在一整根香上，這就是其間的關係。那種能知之力是遍在的。

在你意識到兩種狀態（清醒和沉睡狀態）之前，那裡就是能知之力。單靠想是想不明白的，但是當你禪修時，個體的覺知會融入到遍在的能知之力中去，只有這樣你才能理解它。能知之力一直存在著，這股力量一直都在，它的創造力造就了這整個世界，產生出了原質和原人，進一步化現出了個體性的覺知。

它是與生俱來、明明了了、充滿活力的靈知，沒有任何的朝向，無處不在。我正在談論的是吠陀的基本原則，也是吠陀的基礎，從那之中，這一切言說流淌而出。那種遍在的生命力無處不在，但它並沒有個性或個體性。

問：該如何觀照念頭、想法？

尼：這是自動進行的。你總在覺察著這些概念和想法。

問：我是事後才知道的，而不是當下就知道。

尼：如果你突然想去某個地方，你起身就出發了——你是知道的，怎麼還會需要另外的某種覺知來觀照著這一切呢？今早你坐在這裡禪修，而當大家開始拜讚時，你起身離開了。那次起身離開就這樣發生了，不是嗎？你想從另外一個維度見證著事情的發生嗎？

問：還是同樣的問題：我們能成爲自己心念的見證者嗎？

尼：早上，你的頭腦指揮你離開，你就走了。難道沒有在見證嗎？

問：對的，我可以觀照一個動作，但我不能在思考過程中觀照我的思想。

尼：能知之力是作為一個整體在運作的，其中並沒有做者。我們視自己是做者，因此我們才會想要見證，這是不可能做到的。你應該遵循上師的話，那就是：你是無處不在的微妙基底，比空間更精微——把自己認同為那個。

問：從打坐、三摩地[49]等獲得的寧靜，是暫時的寧靜，因爲正如您所說，那是身體的產物。那麼，一個人要如何才能獲得永恆的寧靜呢？

尼：你見證了那種所謂的寧靜，於是才有了「寧靜」和「見證」。就這樣安住吧。在適當的時候，寧靜和見證都會離開，而剩下的，就是究竟實相。這是非常精微的，是最後一個階段——那裡沒有任何有形的東西可以用粗重的感官來感知。這只有親自體驗才會明白。

聽完這些談話後，你會離開這裡，並告訴人們：「天啊，別去那裡！去了哪裡之後，我的腦子一片混亂，徹底糊塗了。無論我體驗過什麼，無論我領悟過什麼，全都沒了！」

問：但有些人確實看到了他們的前世，那是怎麼回事？

尼：那是因為他們相信有前世。就像政客們的承諾一樣，全都是空談。

問：西藏人挑選他們的喇嘛的理由是，他是一個轉世靈童。

尼：他們遵循著一種傳統觀念，而我們並不注重此種觀念。如果你想要得到符合某種觀念的答覆，那很可能的結果是，我們會成為我們在臨終時的所思所想——人會根據臨終時的念頭

---

49 三摩地（*Samadhi*），指禪修時達到的心不散亂的等持狀態，又譯三昧、禪定。

而形成具體的樣貌。

問：如果臨終時憶念神，我會成爲神嗎？

尼：但你必須得有個具體概念，那是位什麼樣的神！四隻手，三個頭，還是十個頭！問題是，你們所有人都想從自己的概念和想法中獲得一些好處。不要指望去利用任何的想法——不要求助於想法，要去領悟，並安住。

勸導那些只是有一般需求的普通百姓或只是有普通智力的人來這裡聽講，是不可能的。必須是一個進化了的靈魂，才會想要來這裡。這人每天都來——你們覺得這是出於個體的需要，還是身體的需要？都不是。這意味著，那個靈魂想要回到它的源頭。偉大的聖者圖卡拉姆（Tukaram）說：「我想回到我母親的家。」

問：有人跟我講了他拜訪馬哈拉吉後的覺受體驗……

尼：有些人來過這裡後，會有一定的覺受體驗，他們稱馬哈拉吉為「聖者」等等。他們在說誰是聖者呢？反正我什麼都不是，我完全是空的。

問：如何走出這種生死循環？

尼：你被困在了這個漩渦裡，如果你想逃脫，你就必須去到中心處。潛入到深處。這種出生、死亡、再次出生……如此循環往復的惡性循環，是從有了「知」開始的。試著去瞭解這種「知」，在瞭解的過程中，你會成為它的背景、基底。

所有生命都是遍在的生命

一九七九年八月二十二日

提問者：我可以看到，除非我內在有個準則，否則無法規範自己的行爲。然而有了準則之後，不幸的是，我的生活出現了一種心理狀況：在我身上，有了一些敏感的東西、一些跳動的東西，給我帶來了快樂或不快樂的感覺。我想知道它們爲什麼會存在。

尼薩迦達塔：這些感覺，都源自五大元素所製造的二元對立。二元對立也意味著混亂、不協調，所以只要有元素的地方，就會有爭吵，因此帶來了這些快樂或不快樂的感覺。無論吃什麼，都會帶來所謂快樂或不快樂的體驗。五大元素之間無論是協調與否，只能默默忍受。

吠陀已經告訴了你正確的行為方式。對每個人來說，瞭解這些經文都是非常必要的，因為它們提供了某種道路，指出該如何做人、該如何規範自己的行為。

真是奇妙又不可思議！那個精華本質透過你，已經以「我知道」這樣的形式展現了出來，並且「知」以「我在」的形式出現在這個身體上。隨著那個覺知的出現，就開設出了一個大的銀行「帳戶」。

問：馬哈拉吉是如何看待我們的？

尼：我是遍在生命的知曉者，我也把你看作是和我一樣的，但我知道你並不知道自己是什麼。我知道，你正在從什麼立場上說話。還有你的本性是什麼，我也知道。

如果你成為智者，你會覺得很自豪：「我」獲得了這個，「我」做了那個——但這不會持久。所有的生命都是遍在的生命，與個體無關。無論是「我」所知道的，還是「我」在生活中所做的一切，對此感到自豪都是沒有意義的。

問：馬哈拉吉所說的存在感，與覺知是一回事嗎？

尼：全都是這個「一」，但這裡的一切都被三德弄得不純淨了。那種覺知，那種存在感，也就是「我在」之知。

問：那種內在的覺知難道是沒有方向性的嗎？

尼：內在？在什麼之內？你正將你的注意力放在哪裡？

問：指向身體。人體驗到這種存在感，或者說是這種覺知，同時也體驗到許多看起來是虛假的東西，這些東西一直以元素的形式存在。這就製造了很多問題，該拿它怎麼辦？

尼：從那粒種子中，產生了生命，也包括各種元素的千千萬萬種形態。閉上眼睛，你會看到：它是整個宇宙的種子，是最微小的極微，但這粒種子中卻包含了數不清的宇宙。

問：難道我們只能活在五大元素中，默默忍受嗎？難道我們不能只依靠內在的力量而行動嗎？

尼：你要依靠什麼來行動呢？在進食之前，你還可以對五大元素做點什麼，一旦它們進入胃裡，你能拿它們怎麼辦？那種潛在的能知之力正在對食物做該做的事情。你又做了什麼呢？在夢裡也去嘗試一下吧，看看你能做得了什麼。

問：不，我沒有在談論夢境。我是在思考我自己，思考在我之內，就在這個身體裡的五大元素。依託於身體，我才有了行爲。

尼：正因為如此，你才會一再地轉世出生。你不是身體，你沒有個體性，你是遍在的生命。這一切全都是遍在的生命。為什麼你要將自己認定為是某個特定的個體而受苦呢？

你什麼都不缺

一九七九年八月二十三日

尼薩迦達塔：你穿這身赭色僧袍有多久了？

提問者：二十五年。

尼：你了悟了真我沒有？

問：沒有。正如您所說，我只是在黑暗的叢林中徘徊，四處遊蕩。

尼：說這些的是誰？

問：可能是眞我。

尼：記住，無論被稱為「神」或「真我」的那個是什麼，「他」就在身體裡，並且只要「他」存在，那種存在感也會存在。存在感不在時，不會有神，也不會有真我。人死了，變成死屍的不是真我，而是那副身體。

問：對，是這樣的。您看，理論上我理解所有這些，若將其當作一門哲學，我已經完全瞭解，但要體驗到空，瞭解到「眞實」，我離得何其之遠。

尼：無論是什麼被稱為「神」或「真我」，都是因為有了存在感、有了一種「我在」的感覺。這是最基本的基礎，是你所有知識背後的前提，但你卻將自己當成身體。

問：對，是這樣的。

尼：若沒有明覺（soul），就沒有神。你不存在，你的存在感也不存在，什麼都沒有。

問：我理解這套理論。我讀了這麼多書。但如何證悟呢？

尼：在你理解這些話的含義時，你必須找出，能夠理解的那個人是誰。

問：您看，這就是差距，這很難知道。

尼：將會變成死屍的那個，你稱它為「我」——這就是你犯下的罪，也是你和真相之間隔著的壁障。

問：這就是差距，這一差距需要跨越。

尼：所有這些話，都絕對是多餘的。因為你在，所以就有了光，明覺之光，而你走後，明覺之光就會熄滅。你的上師難道沒有告訴你這些嗎？

問：說這些就像是說「這顆糖是甜的」，但要嘗到才算啊！

尼：你現在所聽到的一切，你的上師難道沒有告訴過你？

問：有，有說過。

尼：那就是說，你不同意他的說法，或者你信不過他。

問：我同意，我也相信，但或許是我修得還不夠好。

尼：你什麼都不缺！但你只把自己看做是一具屍體、一副身體。那副身體終將油盡燈枯，你難道會是它？

問：我知道我不是。

尼：那你還要修什麼呢？既然你並不是會走向滅亡的那副身體，你就不會死。

問：我理解這一立場——並非是我不明白。

尼：那你為什麼還要到處參訪呢？

問：我在尋找某些東西。我正試著找尋一些我未曾找到的東西。

尼：你說你明白，但你又說你尚未找到，那你是在撒謊嗎？

問：我不知道自己的本來面目。您看，對我來說，表面上似乎都明白了。我知道您不用再參訪，您可以待在固定的地方，就待在自己家裡，因爲您找到了。但我還沒找到，所以才會想要到處參訪，那種迫切感驅使我從一個地方去到另一個地方，直到找到爲止。好吧，我承認我還沒有找到。若有找到的那一天，我也會說，「是的，它就在我之內。」

尼：你閉上眼睛的時候，你帶著「我在」之感，看到了內在的黑暗（*Ganesan*），而你睜開眼睛的時候，同樣的感覺也向你展示了外在的是什麼。你不必思考就可以做出這個睜眼閉眼的動作來。你什麼都不用做，一切就都出現了。

問：這像是哲學，但要證悟卻最爲困難，非常困難。

尼：你為什麼不直接接受那個事實呢？何必還要從一個地方遊蕩到另一個地方？你在玷汙那件赭色僧袍。

問：確實如此。

尼：你看，你內在的靈性是如此美妙、如此偉大、如此重要，如果你坐在一片貧瘠的土地上，土地將布滿美麗的花園。你不瞭解自己的偉大，不瞭解關於自身存在的真知。

問：不，我沒那麼偉大。我非常卑微，非常渺小。

尼：哪有什麼卑微，哪有什麼渺小？若沒有你的存在，還會有什麼？即使你發自深心地懺悔，最多，你也只是在懲罰自己的身體而已。你能懲罰得了你的存在感嗎？

問：不能。

尼：把犯人送上絞刑臺，吊死他的存在感嗎？這副身體能被吊死，但你能懲罰得了明覺嗎？

問：不能。

尼：所以「他」既不卑微，也不渺小。「他」享受著所有美好的品質，但「他」絕對是無依的，不被任何的事物所染汙。你看，你的著裝顯示出你並不卑微。我們沒資格穿成這樣，也沒有人會叫我「聖雄」。

問：我不是聖雄。

尼：那你為什麼穿成這樣？你並不擔心你穿上這樣的袍子會告訴別人什麼，穿成這樣就意味著，你可以享受「我是偉大的聖雄，我是一切之中最偉大」的感覺。雖然你明知這一點，但你卻並不享受那種真知，那麼這是一種罪過，為此你不得不繼續受苦。如果一個偉大的靈魂、一個聖雄稱你為傻瓜，那你只能忍著；如果聖雄說任何人是傻瓜，那人也只能忍著；而你，稱自己的真我是某種尚未知曉的未知之物——這就是你所犯下的罪。你在辱沒你偉大的明覺。

我不想教任何人任何東西，我只是對來這裡的人舉起一面鏡子。我會讓你站在鏡子前，看著你自己。而你必須在你之真我散發出來的光芒中，認出你自己。

在拜讚歌中，我們唱道：「閉上雙眼，看到『他』站在每一處地方、任何地方——裡裡外外、上上下下。」這是你必須去體會的。如果神不住在你的身體裡，你就不會存在。

問：是的。有了這種清晰的洞見，馬哈拉吉就能看得見、說得出。而我，可以說，但看不見。

尼：如果你現在、就在此生認不出「他」，那麼再轉世幾千次，你也不會有機會認出「他」。至少現在你可以試著專心體會「他」，不是嗎？

問：有人確實這樣嘗試過。

尼：那是誰，是誰在嘗試？你為什麼要操心別人？你呢？我是在跟你說話呢。

問：對我來說，無論怎麼回答，意思都是一樣的。因爲那是在問眞我，而眞我做出了應答。

尼：我沒有問你真我做了什麼。我是在問你，你對自己做了什麼？

問：有什麼不同？我和阿特曼（眞我）難道是兩碼事嗎？

尼：你看，在你的言談中，你提及的僅是局限於你身體裡的覺知。如果你所指的是遍在的覺知，那才是阿特曼或神。因此，你要說清楚，你是指有限的自己，還是無限的真我。

問：我是有限的。但正如有人告訴我的那樣，我明白，我應該說「我是無限的」。根據我所掌握的見地，根據導師們教導我的，我應該是無限的。但我依舊覺得自己是有限的。

尼：因為——你還在認同身體，這就是為什麼你對自己強加了限定。

問：確實如此。我明白這一點，我也知道我應該克服這一點。

尼：由於你認同了顯現出來的身體，所以你就看不到自己的真實本性了。你必須時刻意識到「那個」的存在。那種能知能覺的狀態是最自然不過的事情，只是不要與之分離。

你看，我從不向這裡的聽眾宣講吠陀裡的那些「奇巧淫技」——那是給還與身心脫不了關係人修習的。

問：到處都有印刷和傳播出來的眞知，如此之多，但我想說的是，儘管有了這些眞知，但大多數人還是依舊生活在黑暗中。

尼：我沒有讓任何人去遵循任何特定的道路。我只是告訴他們，在他們自然、任運的狀態下，做他們本來的自己——安住在那裡，安住在如是本然之中。

問：這些用詞與巴巴（Baba）使用的詞完全相同：如是（just be）。

尼：你服侍了他二十五年，為什麼要否認呢？

問：我也不知道。

非我所願

一九七九年八月二十五日

提問者：我很困惑，但我想我最好還是先去禪修。

尼薩迦達塔：這是沒用的。只要還有疑問，就應該把它們揪出來。去壓制不會有任何結果。

問：有必要讓頭腦安靜下來嗎？

尼：頭腦存在之前，你就存在了。不要去關注念頭，要關注「知」。心念會根據命氣而流動，但凡是對你有用的想法，你都可以利用。

問：有可能達到頭腦靜止的狀態嗎？

尼：可能的，你在深度睡眠中就會經歷這種狀態。通過禪修，也可以。

問：難道沒有一個循序漸進的過程嗎？

尼：靠極大的熱忱，你就會沉浸在你的真我中。若只專注於你的存在感這一覺知，你就能達到，而並非是關注身體，是要關注「我在」之感。

問：是否有這樣一條路呢？每個人都可以有自己的道路，不是嗎？

尼：你急於瞭解你的真我，而我也已經告訴了你最直接的途徑。

問：具體是什麼？

尼：我只是向你展示，你的本來面目是先於語言的。你的覺受體驗沒有一個會是永恆的，所以它們不可能是真理。

問：但人性還是瞥見了神性。

尼：人性並非是真實的。

問：但您不能否認人性，能嗎？

尼：這個人類的身體，並非是真我的特徵。

問：是它的顯化。

尼：在完全的寂靜中，輕微的「我在」之感出現了。就像一顆小小的種子裡包含了整棵樹一樣，「我在」包含了整個造物。

問：馬哈拉吉有能力看到我們覺知所處的層次嗎？

尼：不能，因為我並沒有把你視為一個個體。

問：但覺知的層次——是一個事實，而並非是一個觀點立場。

尼：你是根據自己的親身體驗這麼說的嗎？這些都是想法而已。你怎麼能說，燃起的香，其一端的火苗還會有進步或提升的空間呢？它要麼存在，要麼不存在。

問：它距離熄滅有不同的距離。

尼：最終，當它熄滅，再之後，還有什麼可提升的呢？熄了就熄了。就像牛糞裡的蛆一樣，牛糞一乾，它們就完蛋了，不管它們有多大的進步。

問：但馬哈拉吉不是蛆。

尼：沒有什麼不同，這個「知」是食物原料的產物。無論食物原料處於何種形態，是在人身上、在猴子身上，還是在蛆中，都無關緊要，這種「知」只是食物原料的產物。

問：個體、梵和究竟實相，它們之間的本質區別是什麼？

尼：去掉所有的名字，你就會明白：這些都是概念，是文字的顛倒錯亂，僅此而已。凡是我告訴你的——這份真知是永不凋零的，它沒有開始，因此也沒有結束。萬物都是五大元素的產物，而五大元素，包括空間在內，都是物質。空間就像黑暗、虛無，就像夜晚。從中產生出了風，像是一種振動。

這副身體是自動出現在我之上的，非我所願，而我也因此被迷惑了。我所體驗到的是——我不是那團物質。存在感和「知」這樣的特質，它們是那團物質的產物，將會熄滅，隨後又再次回到風中，這一過程如此循環往復。這種存在感現在已經附著在那團物質上，但它不會永遠待在那裡面，一定會回歸到它絕對精純的狀態。

放棄賦予生命意義

一九七九年八月二十七日

尼薩迦達塔：實相是永恆的，無法用語言描述。無論誰生活在其中，無論他做什麼，他的自我都無法挑戰永恆存在的實相──實相是任何人都無法挑戰的。

有時候，周遭的一切洶湧而來，讓我想要把一切淨化。但當我試著去做的時候，我知道，做任何事情都改變不了那個最本質的實相。

我看到，「知」產生了，「知」變成了以太，也變成了食物本身，這兩者又會壞滅，消逝一空──所以說到底，能有什麼變化呢？

如今正在發生的是──葉子、草和植物中的精華被吃掉，由此產生了又一個「知」。「知」就是被消化的食物精華，與食物一樣，那個「知」也終將消失。

在這有限的生命中，許多人研讀經文、從事苦行和禪修。從這些之中獲得的種種思想，填滿了成千上萬本書籍。但是，一旦將注意力專注在「知」的基底上，這一切，就什麼都沒有了。從五大元素中產生的「知」，通過身體來運作，它是生命存在的特徵，也即是「我在」這一覺知。這種存在的狀態是會消亡的。

我已領悟到，即便眾多宇宙會形成、消亡，我卻一直活著。這一切，被我看到，被我知道，被我明白。是的，我知道我一直都在，永遠如此，恒常如此。無論發生了什麼，我都在，永遠都在。

提問者：對我的人生，我是很焦慮的，我不滿意。

尼：你是不朽的，你不會死。只不過，你要放棄你當前賦予生命的意義。你要做的事情只有一件，那就是像關愛自己一樣去關懷他人。要像他們全都是你的親人一樣去關懷他們，你要做的，就只是這個。沒有必要固守一條特定的道路，所有的道路都一樣。要去繫念宇宙的那個中心點，將你的注意力專注在這種對存在感，也即是對「我在」的了知上，不要有一絲一毫的偏離。

聖者和聖人們有過許許多多前世，但這些都是有壽命限制的，只延續了一定的時間。所有這些「出生」，都是在無明之上出現的，整體的「知」通過無明來享受「知」——而這也是從無明之中產生的。從無明中獲得的那份覺知，帶來了我慢和我執，如果你把它們拋掉的話，那麼一切就都洞然明白了。

你有過一些覺受體驗，你試圖從中獲益，但要記住，凡是對你有用的，最終都會傷害到你。在這個二元對立的世界裡，有益處的，也必然會是有害的。

無論你喜歡什麼，都將給你帶來傷害。你最喜歡的東西最終會對你造成最大的傷害，即使那是至上真我。無論在你身上產生了什麼覺受狀態，讓你想理解它、喜歡上它，這都會給你帶來巨大的悲傷。

當你達到了至上真我的狀態時，那裡沒有欲望，沒有喜歡或不喜歡。那是「無欲—超梵」。

問：什麼是「無欲—超梵」？

尼：因為那個「無欲—超梵」的存在，這整個顯現得以展現，並且正在做它想做的事情。整個顯現是「有欲」（*Sakama*），但支撐它的，則是「無欲」（*Niskama*）。

問：如果想達到那種狀態，是否意味著為人處世也得像「管它會發生什麼呢，我不在乎」這樣？

尼：如果你想通過頭腦這一媒介來探討這個問題，那麼這裡面有什麼意義，就隨便你去琢磨吧。不過，無論做什麼事，都是在限制之內的，一切都是受約束的。

如果你想要得到親身體驗，你就必須堅守自己的真我、堅守你自己的「自愛」[50]。一刻也不要偏離。要去堅守，而不要祈求於神或女神。只是去看到「一」。要持續地了知「我在」，通過這種堅持，你就會證得你想要達到的那個狀態。

---

50 在尼薩迦達塔的教導中，*atma-prem*這一梵文（英譯是Self-love）等同「存在的意願」（Love to be）、「存在感」（beingness）、「我在」之知（Knowledge "I Am"）。這是一種「自愛」，貪圖於存在下去，貪愛於存在。而「堅守*atma-prem*」其實指的就是「安住『我在』」、「安住真我」之意。

沒有什麼新鮮事

一九七九年八月二十八日

提問者：我聽過您很多這樣的開示，談論的是食物形成了「我」，但觀點並不是很清楚——到底說的是怎麼一回事啊？

尼薩迦達塔：每一個有機生命，無論是昆蟲還是人類，都依賴食物而生。所有這些花朵、這些樹葉，都是人類出現前的狀態。我們以前就處於草葉的狀態，漸漸地，為了享受這種存在的感覺，我們攝入所有一切精華，從而進化出了身體。「我在」只是你稱之為「我」的那個「食物之身」的特徵——「我在」與其他任何事情都沒有關係，純粹只是這種生命所攜帶的特徵。

問：這個來自於食物的生命，有沒有可能做出一些開創性的、不同尋常的事情？

尼：羅摩克里希那·帕拉馬罕薩（Ramakrishna Paramahamsa）修習苦行，並成為了賈加丹巴（世界之母）。其他人也有修苦行的，並領悟了真相。當他們了悟到真相時，他們能做什麼呢？這麼多偉人來過，他們能做出什麼改變、什麼不同的事情嗎？無論發生了什麼，都是在你不知道的時候開始發生的——明覺是從無明中來的，或者說，是從明覺的徹底缺席中產生的，而且，事情的發生，無始以來就是這樣，其軌跡也不可能有什麼不同。

問：我的頭腦、智力和領悟都在變化，我認為，馬哈拉吉給了我一些全新的東西。是這樣的嗎，還是不是？

尼：無論你的頭腦或智力有什麼變化或轉變，我都沒有做任何特別的事情。我只是把無限古老的「那個」帶到你們面前——沒有什麼新鮮事。

在問答的過程中，即便你生我的氣，我也絕不會多說什麼、給你臉色看。當一位母親把她三個月大的孩子抱在腿上時，孩子會踢她，會打她，會弄髒她的衣服。但她只是把孩子抱在懷裡撫摸，甚至只有在給孩子洗完澡後，才會去打理自己。我也這樣看顧著你，即便你的身體已經七十五歲了。

問：這一點我心知肚明，我還想到了另一個比喻：我就像一個藝術家，每次畫畫，馬哈拉吉都說，「我看到了模仿的痕跡。」每次我都很生氣，也許我會往他身上扔顏料。但他不在乎，他依舊在微笑。

尼：當命氣和身體結合在一起，這個存在感就出現了。存在感不會死。以弦樂演奏者為例：琴弦導致空氣振動，產生聲音，而當演奏者移開他的手指，沒有空氣的振動，因此也就沒有聲音。聲音死了嗎？它只是消失了。

問：請確切地告訴我，這種存在感和我之間有什麼聯繫。

尼：非常精微的存在感就是「我在」之知，但你卻還要問「有什麼聯繫？」「我在」之知其本身就是這個身體的特徵，或說是食物的精華。

無論誰來找我，我都不會把他當作凡夫來教導。我視其為不朽，而世界上有許多能教字母的小學老師。即使我只是刺他一下或咬他一口，以便讓他找出自己是誰——為他指出「我在」之知背後的那個基礎，對他來說也足夠了。

問：有人說，我們應該表現得超然無執。什麼是超然？

尼：如果你想瞭解「超然」，你就必須使個性或個體性消融。

問：我的個體性太強了，怎麼才能消融掉呢？

尼：去找出「真我」意味著什麼，盡一切努力去理解「真我」的內在含義。在這個「我在」之知出現在你身上之前，你是絕對超然而無有執著的。一旦這種覺知在你身上展露，你就開始執著周圍的一切。只有那個虛假的「我」是附加的。每件事都只是發生而已，而那個虛假的「我」把所作所為都歸為自己的功勞。你是知者，而不是做者。我給你一個忠告：不要做任何傷害他人的事，僅此而已。你可以不施小惠或不幫助他人，但要小心，不要傷害別人。而只不過，這些準則也僅僅存在於這個「知」的領域裡。除此之外，什麼都沒有。

即便你的覺知擴張到廣大如整個世界，並且為了享受那一覺知，你可以活上一千年，但也請記住，在一千年的最末，所有的覺知都會消亡。這一個「點」，即便能存在一千年，你也必須去探究一下，筆尖是何時落下的、何時開設了這個帳戶。

問：是什麼開了帳戶？

尼：是無明。迦那帕提（象鼻神）代表了能知之力，是他開設了這一經歷過數百次輪迴的帳戶。所有這些帳戶都沒法告訴你關於迦那帕提的事。你必須自己找出能知之力的源頭。

原初的幻相，比「一」還要早出現。有個從「一」來計數的人，開設了這個帳戶——為了計數，就必須有某個人，必須比數字還要早出現。原初幻覺、迦那帕提，要去好好探究他們的本質。迦那帕提是原初的聲音之主，而聲音就等同文字。瞭解迦那帕提的人，就是梵。

今天的主題既困難又容易。你可以學到很多有別於自己的東西，但若想要掌握你的真我，這是相當困難的。一旦把握住，一旦知道了自己的本來面目，你就不會忘記。

活著時，就要無畏地活著，因為你不由任何人創造。你活在自己散發的光芒中。尤其要記得，帶著對真我的信心而活。

除非你有一面鏡子

一九七九年八月三十一日

尼薩迦達塔：你是從哪個國家來的，是誰帶你來這裡的？

提問者：我來自美國。我拜訪過一些道場，我遇到的一些人告訴了我馬哈拉吉的事情，所以我就來了。多年來，我一直在研究不同的哲學體系。

尼：學習所有這些不同的哲學，沒有任何意義。除非你有一面鏡子，你從中可以看到自己，否則又會有什麼益處呢？

問：鏡子就是我正在尋找的。

尼：到目前為止，你的那些鏡子都沒用。

問：不是這樣的，它們不是沒用，它們都只是鏡子的一部分，我可以把它們組合成一面眞正的大鏡子。

尼：裝下這麼多東西，你吃得消嗎？

問：不，確實有點吃不消。

尼：你身上一直有一件煩心事，那就是感覺到「你在」——那種「瘙癢」造成了所有的麻煩，其原因是你不知道自己到底是什麼。這就是為什麼你從一個地方漫遊到另一個地方，卻什麼也沒找到。你必須先找出「瘙癢」是從何時開始的。還是先坐在這裡聽一段時間吧，然後再問問題。

問：馬哈拉吉說過，一切都來自於食物，還說，我是一切的創造者。現在我搞不清楚，我究竟是萬物的創造者，還是從食物中產生出來的某物。

尼：只要不是道聽塗說，在不求助於人的情況下，不管對自己有什麼切實的認識，都絕對是正確的。

問：我遇到了困難。

尼：它超越了一切困難——知道困難的「那個」，是超越困難的。

問：我聽到馬哈拉吉的教言時，一股巨大的喜悅在我之內升起。

尼：這種短暫的喜悅對你一點用處都沒有。

問：也許我還沒找到眞相，但我很高興能聽到眞相的闡述。

尼：你所有的這些想法都在束縛著你。一旦你明白，並沒有什麼「知道」，一切不過只是無明，那麼你就摸到了點門道。

你認為「我知道」，這只是一個想法。老實說，根本就不存在什麼「知道」。它超出了所有的想像，它是無相的，沒有任何屬性，完全不可思議。

沒有什麼「知道」，那時，我是真的非常開心。抱著「我什麼都知道」這一想法不放，它就會一天天地不斷增長，但那種「知道」不會帶來任何安寧、任何快樂。那種「知」伴隨著多重屬性，猛烈地攪動著，但我不是那種「知」。每個人類都聽到別人對他說：要去了知——「去知道」是他義不容辭的責任，但他會逐漸明白，這種「知道」對實現他的最終目標毫無用處。

問：神是什麼？

尼：你看到的一切都是神，即「自在主」。

問：我看到的只是我周遭的世界。

尼：一切都是「自在主」，甚至最微小的原子也是「自在主」。在孟買這樣的大城市裡，排水溝裡到處都是汙垢和垃圾，在你周圍釋放臭氣，持續一段時間後就消失在了虛空中。天空永遠在那裡，它沒有任何氣味，它是純淨的。人類的身體只是一堆汙穢。隨著時間的推移，這副身體將會消失，那堆汙穢將不再有臭味，它將變成純淨的天空，什麼也不會留下。但是，你日復一日地被自己的觀念所束縛：「我出生了」、「我將有來世」等等，如此一來，你將繼續受苦。

問：怎樣才能擺脫？

尼：除非你知道自己是什麼，否則你怎麼可能擺脫？

問：我們都知道，天空和太陽清理了大地上的汙穢。那誰又能告訴我，有什麼能清理我的汙穢？

尼：不管什麼樣的道理，你都聽不進去。而你的「倉庫」裡，裝滿了這些概念和想法——所有這些都是汙穢，你就是這樣把自己和生死輪迴捆綁在了一起。

問：並不是所有概念都是汙穢的，有些是非常美妙的。

尼：記住，它們是在你身上產生的，所以，它們終究都是汙垢的產物。

你背負著這些概念的包裹，在這個世界上奔波忙碌。你並非是那個「我」，這個「我」正以一種頑固的方式認定著「我就是某某」。你以這個「我」為行動的基礎，但這個「我」在身體出生之前是不存在的，在身體死後也不會存在。那個「我」是有時間限制的，是有壽命的，但你卻理所當然認定它就是自己。要超越概念，要變得沒有概念（idea-less）。

我即是實相

一九七九年九月一日

提問者：在我看來，馬哈拉吉對我們的教導反而延續和強化了概念和見解。

尼薩迦達塔：一直在概念上繞圈子，這是你自己造成的，因為你有「我在」這一概念，你得自己去把它根除。

問：爲什麼要去做這些區分呢？——細分我們的眞實身分還有與之不同的東西？這製造了更多的概念。

尼：唯一的區分就是：「我不是這個」。你沉睡時，能體驗到苦樂與生死嗎？這是什麼意思呢？這意味著，那時「我在」這個概念已經消失了。

問：我正在想，因爲追隨了馬哈拉吉，這是否會滋長出依賴心，也就是我們所謂的「懶惰」？

尼：這種智慧，是充滿生命力的，怎麼會讓人懶惰？你可以說身體或頭腦會懶惰，但是你與它們又有什麼關係呢？你感覺到對馬哈拉吉的依賴是在什麼方面？

問：我彷彿在等待著什麼事情會發生。

尼：那個等待事情發生的人是誰？要找出他的真實身分是什麼。假設有一口公用的水井——所有人都從那裡取水、用水，而水可以比作是能知之力，你已經從中汲取了一部分，拿來自用。而你拿去自用的那個能知之力，其實是無所不知、無所不能、無所不在的。你必須明白這一點。你不能辜負它、不能變得懶惰。

你不遠數千英里從你的國家來到這裡，聽聞了這種偉大的真知，你難道還想作為一個有特定國籍、種姓和膚色的個體而死去嗎？

要明白，負載著你的身體和名字，使其運作的，本質上是無處不在的能知之力。你坐車趕路，你會是那輛車嗎？

問：我明白了。

尼：你由那個能知之力展現而出，你不需要明白它，它明白它自己。但你只把自己限制在了身體上，僅此而已。

問：如果能知之力要這樣做、如果能知之力本身接受了這種限制，我對此也是無能為力啊。

尼：是由於無明，那個能知之力才把限制強加於自身。必須摒棄那種無明。

問：您對我所說的這些，也並不能讓我就認出它。我一定要自己把它找出來，否則我可能與聖人交談上幾千年也不會有任何進展。我怎樣才能親自找到它？

尼：會找到的。若你命定如此，你就會來這裡聽講，結果也會隨之而來。昨天有兩個人跟著這位女士來了，然後就走了——待下來不是他們的命運。人們來到這裡，對自己想要什麼早有預設。你來這裡，就像來到一個裁縫店，訂了一套特定尺寸、顏色和面料的衣服。但我不會給你你想要的，我不會按照你預設的要求給你你想要的真知。我只會告訴你，你要去瞭解自己的本來面目，找出自己是誰。

成百上千的人來到這裡，他們只會順著自己的想法來利用這種真知。但這不代表他們掌握了真理，這是根據他們自己的觀點、通過他們自己的概念看到的「真理」。這種真知，被他們自己的觀點過濾了之後，就算不上真知了，它只是一種見解而已。

問：我投注了我所有的精力，試圖理解馬哈拉吉所說的內容。我一直非常努力，但今天我不得不停下來了。從本質上說，我身上什麼都沒有改變。我帶著馬哈拉吉是我的上師的想法而來——上師是指那個消除了黑暗的人，但現在黑暗仍然籠罩著。現在我覺得自己付出的所有努力並沒有讓我有所改變，我覺得我必須從頭開始，從現在就開始。我該怎麼做呢？

尼：一個坐在黑暗籠罩中的人想要驅除黑暗，於是他開始向神祈禱。這時有人來了，說：「什麼！你想靠虔誠驅散黑暗嗎？不可能的，你必須帶來光。」光明來了，黑暗就會消失。兢兢業業並不是必須的，但你一定要知道，實相就是：「我即是實相」。這個實相沒有鬍鬚或鬍子，但它是實相，是你必須了悟的實相。實相是無形的。如果實相有一個形態，你早就拿到手了。無需努力，什麼是最本然的，什麼就是實相。

問：上師的作用是不是只是指出方向？

尼：你必須抓住上師給予的指引，漸漸地，當它壯大時，光明會籠罩一切。永恆，因無常而顯露；真理，因虛假而顯露；梵，因摩耶而顯露。

問：我們提出問題，並試圖用頭腦來理解——我們如何才能超越這頭腦呢？

尼：你既不是頭腦，也不是身體。誰在為此困擾？誰必須去超越？在你問這個問題之前，你就在那裡了。在清醒和沉睡狀態出現之前，你就在。

問：如何才能證悟到這一點？

尼：把你今天聽到的內容，盡可能地記下來。要相信它。它可能不符合你的要求，但它只是如其本然。你也只需要如其本然地領悟它，並以它為喜悅。

當你成為那種智慧之後，你將不再需要什麼，你將成為無限的自己。我不引用經文，也不給你們灌輸別人的結論，有什麼，我就告訴你們什麼。除了在你之內，你永遠不會在其他任何地方找得到梵存在的證據。

顯而易見的是，大家很可能忽視了這一點。我所說的是非常清楚和簡單的，你們不明白是因為你們想要複雜的東西。

問：到底馬哈拉吉想告訴我什麼？

尼：你是神存在的明證。如果你不存在，就沒有神。這個「純淨我在」就是證據。你認為它局限於身體，但它其實是遍在的。它是一切顯現的源頭，而你是身體的知者。當這種舊有的模式停息下來之後，就是空，但有個不空的人見證著這個空。一個知道黑暗存在的人，他能是黑暗嗎？如果你保持絕對安靜，那麼諸多概念將會被扼殺。

我每天什麼都不做，除了跟你們說話；每天說的話都不一樣，但總是在說同一件事。這是為了你們能明白、為了你們能領悟。話語泉湧而出，源源不斷，但你們卻沒有在聽。在這副身體裡，在這次出生裡，你們必須了悟到我所告訴你的。放下其他一切的概念，把握住我告訴你們的。當一個求道者變成了一個智者，這意味著，他已經最終地瞭解，徹底地瞭解，自己是什麼。

當死亡來臨時

一九七九年九月三日

尼薩迦達塔：當死亡來臨，要記住，你沒有形狀，也沒有顏色，「我乃無形無相」，這應該是你最後的想法。你知道有身體，但你不是身體。當你入睡時，要記得這一真相，然後再入睡。「許多雜念來了又走了，但我是不變的、我是無限的，我就是實相。」若帶著這樣的想法入睡，所有那些雜念都無法翻騰起來。

不要像個頭腦的奴隸那樣入睡，要做頭腦的主人。要養成這種習慣，變得完全超然，成為你頭腦的主人。

提問者：怎樣才能消除恐懼？

尼：必須根除那種名為「出生」的恐懼。你們受過各種教育，帶著各種知識來到這裡。我試圖打敗你們收集到的知識和你吃下去的食物。在那些知識和食物出現之前，你們是什麼？我想讓你們好好思考一下這個問題。

問：什麼是能知之力？

尼：能知之力運作著你的存在感所參與的一切行為活動，以及你看到的整個世界的所有活動。這種能知之力是沒有任何形象的，但在有個體的地方，它就套上了那個特定個體的形象。當存在感消失，有形的個體融入到了那個「無形者」之中。對能知之力來說，本來是沒有各種差別的，它本就是一體的，但我們會用各種不同的名字來稱呼它。

一切全都是覺知，全都是能知之力，它不可測度。現今你感覺到的那個存在感，當它融入到遍在的能知之力中，就不再有局限於個體的覺知了。能知之力並非來自於任何地方，也不會去往任何地方。

你是沒有欲望或對境的存在。在那個偉大的「一」中，好多有形的宇宙顯現出來，又消失。

問：我一直在閱讀和學習《我是那》，但我仍然對自己的生活方式不甚滿意。

尼：你有試著找過原因嗎？

問：沒有，我猜是我太愛自己的個體身分了。

尼：你仍然覺得，自己就是身心，這就是你感到不快樂的原因。

問：沒錯。

尼：你一直在用頭腦來閱讀。今後，每當你讀這本書的時候，就把自己視作是遍在的覺知，並從這個角度來閱讀和學習。從你是無形無相的、從你就是光的立場來閱讀。

問：如果我認爲自己不是身體或頭腦，就沒法看書了。

尼：不用擔心你還能不能閱讀，只要照我說的去做，事情就會逐漸展開。有些人已經準備好了，有些人即便被敲打，也還是不明白，但是，如果你準備好了，事情就會水到渠成。有些人非常頑固，就像炸印度薄餅的麵糰——必須多次揉壓，還是非常堅硬；必須非常用力地塑形，然後再油炸。有些人必須用這種費力的方式來教導，而另一些人則已經準備好了，告訴他什麼，他馬上就會接受。這種人只是聆聽，專注於我的話，然後突然就發生爆炸。你必須禪修於那個「我在」，而不是抓住身體和頭腦不放。就像你還是個嬰兒時，你會從母親的乳房那裡吸食乳汁，而你現在也要從對自身存在的了知中，從這個「我在」中，獲得滋養。

問：過去四年中，我一直努力牢記，要安住於「我在」。

尼：你會照我今天告訴你的去做嗎？

問：去讀那本書嗎？

尼：不管你聽進去多少。你會像這樣去生活嗎：不把自己當作身體和頭腦？

問：我很膽怯，非常害怕來這裡，因爲永遠不知道會發生什麼。也許什麼都沒發生，也許會是很多事情。所以，我有點緊張。

尼：你的恐懼將被完全摧毀。不僅你不會緊張，而且你的恐懼本身也會消失。你必須從「我在」之知中獲得滋養，同時記住並冥想這一點：「我無所畏懼，我超越恐懼。」

問：我對所有的人都有恐懼。例如，我若是走在荷蘭的一座城市裡，我害怕周圍的所有人。

尼：我要告訴你，這種恐懼將逐漸減輕，然後完全消失，因為這是我說的。治療這種恐懼的良藥，就是我的話。

問：什麼是束縛？

尼：頭腦正是你被束縛或解脫的根源。穆斯林的觀念是，人死後，靈魂就會被關在墳墓裡，直到世界毀滅；因此，他們養著那個靈。基督教中，他們也說，人一旦被埋在墳墓裡後，只有在末日時才會被喚醒，並得到審判。

問：這眞的會發生在死人身上嗎？

尼：如果他們帶著這種觀念死去，那一定會發生，因為心創造了一切。頭腦創造了束縛，也創造了解脫。假設今天，我不能思考、頭腦不是很清楚，這意味著什麼呢？意味著我今天吃下的食物精華不夠新鮮、沒有活力，或者沒有好好被消化，因此，思維能力就會很遲鈍。這種心智的運作能力也與食物精華有關，但那不是我。

要清楚地明白，你的存在感，「我在」的感覺，是這個粗重物質大地的產物。大地長出了植物和「我在」的特質。當身體倒下，「我在」也就消失了，因為它本質上只是食物精華的產物。

沒有什麼可被領悟

一九七九年九月六日

尼薩迦達塔：你帶著「我是某某」的觀念來到這裡，所以我必須拆除它，把它扔進海裡。究竟實相並不瞭解自己，但究竟實相通過這個食物的產物，即「我在」，得到了瞭解它自己的機會。

提問者：在我來這裡之前，我希望自己能充滿愛，但現在，我感到無力和疲憊。

尼：這是因為，你正處於「拆除」的過程中。首先，你必須被徹底拆除，再重建。在播種之前，必須翻犁鬆土和施肥。只有在耕耘和播種之後，種子才會發芽。拆除的過程是必要的，剩下來的只是能知之力，然後才會發芽。

每當有外國人來這裡，他們就會提出關於「愛」的問題。「我在」就是一種愛。你已經呈現出了現今的這個形態，而這朵「我在」之花，僅僅長自於愛中。所有的原子，其核心處都滲透著「我在」之知。要去擁抱宇宙中的所有原子，要感受到，它們都以「我在」之知的形式進入了我們的內在。

你正通過你的身體、頭腦和覺知，藉由語言，來聆聽一些用身體、頭腦和覺知都無法體驗到的真知。

你只要一開口，就首先將自己認作是某種「東西」，但那個「我」是不會持久的，它不誠實，它不會永存。

我所告訴你們的一切，只會被那些已經為之準備好了的人所領受。即使那些自認為已經領悟的人，也沒有像我想讓他們領悟的那樣去領悟。

問：昨天我睡不著。當我躺在床上時，我不斷聽到聲音，看到光。我很害怕，出了一身汗。我以爲自己快要死了。

尼：不管發生什麼，都在按照該發生的方式發生。不管你覺得是什麼正在死去，即便它真的死了，你也不會死。請牢記這一點。

在你們的宗教中，具體提倡一種怎樣的「愛」？

問：比如，愛你的鄰居。

尼：你們的宗教，主張要出於對上帝的愛去愛每一個人；基督說，要愛鄰如己。你是如何付諸實踐的呢？

問：有時來這裡，就能感受到那份愛。

尼：當愛者和被愛者之間沒有區別，愛，就處於其最純淨的狀態。在這個世界上，什麼是那些最痛苦之事的根源呢？

問：二元對立。

尼：這種二元對立是什麼時候開始的呢？

問：隨著第一次感知到我自己以外的東西。

尼：二元對立開始於，當你知道「你在」的時候。這是首要的二元對立，是幻覺的根源。

不要只是一味順從地聽我在說。要問問題。你想獲得哪方面的知識？

問：想瞭解罪業和功德。

尼：使你感到快樂和滿足的，就是功德；使你感到不安或不滿的，就是罪業。

問：如果一個人犯了罪，卻不感到後悔，這還是罪嗎？

尼：不要站在個體、個人，或一個錯覺的立場上說話！你是何時知道有功德和罪業的？這只發生在你被強加了某一個概念之後。

問：如果做了錯事，會有現世報，還是下輩子受苦？

尼：你可能要立即受苦，也肯定要在下一世受苦。苦難是與憶起「你在」一道出現的。

問：那些犯了罪的人似乎並沒有受苦。

尼：這是你的觀點，但痛苦的體驗會潛伏於內。

問：我們在日常生活中要如何面對周遭的事務？

尼：要認同你的真我，行為要與此相符，並履行好自己的職責。把一切都看成是你的真我。

問：律師的生活，每天都會碰到很多事情。總是有麻煩事。

尼：你正站在身體和頭腦的角度說話。擺脫這種感覺吧。

問：然後就可以做我喜歡的任何事情了嗎？

尼：然後……無論做什麼事，都不要辱沒你的真實身分。

問：所以一旦對眞我有了清楚地認知，困難就會消失。然後一切都會自動進行。

尼：沒錯。既然你已經知道了，那你還有什麼好問的呢？

問：在那種狀態下，就沒有行爲活動了嗎？

尼：那時你會知道，若沒有你，連一片葉子都不會動。因為你，一切活動才得以發生。

問：有些人會談論寂靜與安寧，但在我看來，反而是遭受痛苦更能讓人有一種想要證悟的衝動。般度五子的母親貢蒂向黑天請求，讓自己終生受苦，以便自己能永遠記住黑天。我可以聽聽您對此的看法嗎？

尼：你來這裡多久了？這些故事是講給那些無知者聽的。如果你找到自己的真實身分，就不會再問這種問題。這種想法是為了鼓舞無知者，但並不是為你準備的。若去糾纏這些問題，接下來你還會繼續問：「為羅摩和悉塔舉行婚禮的祭司是誰？」

問：如果「了悟眞我」才是正道，那麼虔敬的立足點又在哪裡呢？

尼：虔敬和智慧之間並沒有區別——只有當你認識到自己的真我時，才能真正證悟這一點。因為有「我在」，所以你能虔敬神。通過虔敬羅摩、黑天、基督等，由我來愛真我的過程就開始了，當我了悟到真我，這個過程就結出了果實。然後你會知道，一切都只是真我。

問：祈禱亡魂得到安息——這種祈禱對亡魂有什麼幫助？

尼：這只是一種觀念。對死了的人來說，還有沒有靈魂？這靈魂還能不能安息？出於對死者的愛，你拿著一碗牛奶獻給死者的靈魂。他會來喝嗎？這只是為了讓你安心。為什麼要詢問死後的事情呢？你現今是什麼？這場幻覺總能讓你遠離自己的真我，你總是在詢問外在的一切，但你並沒有試著去找出你是誰。在你的一生中，你一直為自己套上各種不同的身分。在你出生後，你認為自己是個孩子，然後是少年、成年、中年和老年。這些身分中，沒有一個能一直陪伴你。無論你執持什麼為「我」，那都終將消失。

這是要去領悟的！你必須去接受一位自性上師的指引，而只有完全證悟的自性上師才有這個資格。

你必須清楚地理解這其中的矛盾之處：不管我否定了什麼，其實都是為了彰顯另一些事情。

如果你說：「我已經領悟了」，那你就還沒有開竅。你必須達到「我什麼都沒有領悟」的境界。你必須超越這個領悟階段，去到下一個超越的階段。你必須得出這樣的結論：從童年到老年的各個人生階段，無論你將自己的身分理解為什麼、頑固地認定為什麼，那都將被證明是虛假的。同樣地，你在靈性探索過程中試圖領悟的任何事情，也會被證明是虛假的。因此，沒有什麼是可以被領悟的。仔細思考一下吧。

你不是這副身體

一九七九年九月七日

提問者：我們今天要做什麼？

尼薩迦達塔：看著這個「知」、這個惡作劇般虛幻的覺知，因為它，你才能觀察到自己經歷的各個人生階段。很簡單：這個覺知早先並不存在，它將消失，但你會繼續存在下去，並見證這個覺知。你，究竟實相，是完美的狀態。你不是覺知，你也不在覺知中，覺知中充滿了欲望和需求。

還有另一種理解方式：無論以怎樣的覺知狀態去拜讚、虔敬等等修行，其實都是為了臣服於神的覺知，但我不是那種覺知。我不在那種覺知或「知」的香味範圍內。所有一切都要獻給覺知本身，但我是與之不同的。「我把我所有的知識，包括我自己和我自己的覺知，都獻祭給了那個顯化自在的梵覺。」整個創造，其本身就是梵，而獻祭的火焰是梵，獻祭者也是梵。

問：我唯一理解的是，我們是實相，而不是身心。我一直在思考這一點。

尼：告訴我，你理解了什麼。

問：很難說得清。「那個」即是存在的一切，而我們至始至終都是「那個」。

尼：你發現它很難描述，因為你無法給它安上一個名字或形象。具體怎麼難描述了？

問：我只是覺得，那種「我在」的存在感，那種「在」，我無法描述。

尼：你看不到那個「知」(knowingness)，但它能看到其他一切。那種覺知在一切事物中都是一樣的，而且無處不在。一旦堅定地領悟到這一點，你能從中得到任何好處嗎？

問：不，從中什麼都得不到。

尼：世界上不管發生什麼，還跟過去一樣對你有吸引力嗎？

問：不。過去我凡事都很上心，但現在不在乎了。

尼：世間之事還會照常發生，但人若已經領悟到，自己並沒有名字或樣貌，從而也就無事可為了。凡是世間發生的事情，本質上都像是夢中之事。個體身分本就不存在，明白了這一點的人，不會想要去改善這樣一個世界，他不關心自己在世間的所作所為。

一個人在世間可能絕頂聰明，並借助自己的聰明才智，學到關於此世間的龐大知識，但所有這些都是無用的，因為基礎就是錯的。聽了這番話後，你是否達到了自己的原初狀態？對，就是你。

問：沒有。

尼：那是因為你還在認同身體和頭腦，並以此為驕傲。

問：爲什麼我們會看到整個世界？爲什麼我們會看到虛假的東西？

尼：你會問這個問題，就代表你忘記了自己的本來面目；這樣問的時候，你難道不是在認同自己的身體嗎？

問：是的，是這樣的。

尼：放棄這種執著吧。

問：怎麼做到呢？

尼：其實沒有什麼可放棄的。你有一個名字，你認為你是那個名字，但你不是。

問：這個名字的作用是什麼？還有我的身體、我的個體性？

尼：你沒有個體性。這一切都只存在於頭腦中。

問：我確實有一個頭腦，但我的頭腦告訴我：我是一個個體。我又能怎麼辦？

尼：其實不是頭腦，而是命氣，是命氣讓你覺得自己是一個獨立個體。命氣催生了心念，否則就沒有心念。命氣催生了世間的各種想法，而你只是觀察到這些念頭。

只要你還認同身體和頭腦，當前的話題就遠遠超出了你的理解範圍。你必須超越頭腦。

問：我不想超越。

尼：只有當你準備好了，不再去認同身心，準備好了在這種情況下聽講，你才可以來這裡，否則你就是在浪費自己的時間。除非你準備放棄這個身分，否則就不要來這裡。

問：但在這裡時，我一直在認眞尋找著眞正的自己啊！

尼：好吧，你可以來，但要繼續思考：你不是這副身體。

問：我一直在思考，但我的思考並沒有讓我進步。

尼：繼續思考、繼續明辨。當身體死亡時，你並沒有死。

問：您所談論的「那個」，一定是我自己的某一部分，是我從來不知道的一部分。但我就只知道自己的身體、名字和個體性——這已經是我所知道的一切了。

尼：你要繼續思考、聆聽，也要閱讀和學習。

你不需要追求快樂

一九七九年九月八日

提問者：我不知道自己究竟是什麼，我只知道我活在痛苦中——這一點我是知道的。

尼薩迦達塔：痛苦和快樂是相對出現的。

問：但我的痛苦與一般的痛苦稍有不同。

尼：你已經被汙染了，有了好惡取捨，所以才會有這種感受。

問：馬哈拉吉是怎麼知道這點的？

尼：無法解釋。就像我也說不清，自己到底是怎麼醒過來或如何睡著的。

問：我身處痛苦中，您能幫幫我嗎？

尼：忘記對身體的認同。你不需要追求快樂，無論把怎樣的感受稱之為「快樂」，那都不究竟。

問：我不追求快樂，也不追求幸福，但這些困擾我的事情，總應該離開吧。

尼：困擾並不存在。只是因為你的臆想、你的錯覺，所以才有痛苦。沒有什麼比你的真實面目更純淨的了。那種痛苦只是你的想像，是一種幻覺、一種錯覺。

問：如何擺脫那種錯覺？

尼：有什麼可擺脫的嗎？你剛出生時，是如何陷入那種錯覺的？

問：我應該無視它嗎？

尼：只是去了知、只是去旁觀，做一個旁觀者——其他什麼都不需要做。不用嘗試其他方法，只是去知道，你究竟是什麼。

問：所以，我沒法得救，我只能眼睜睜地看著這一切煩惱？

尼：是的。你要直視它的臉、它的起源、它的全部，並找出，它從哪裡來。要看著那個中心，正是從那裡，這種覺知出現在你身上。僅僅專注在這上面。

當你達到那個核心時，你會發現，有光芒從那裡散放出來。凡是你看到的一切，都只是那種光芒的遊舞。融入那個中心吧，與它融為一體。

問：那時，我捨棄的周遭一切、周圍的宇宙會發生什麼？

尼：你是那個中心，當你轉向內在，你會發現，正是透過那個中心，你才看到了整個宇宙。

問：我看馬哈拉吉的生活是很有規律的。爲什麼他從不告訴我們，一天從早到晚應該做什麼？

尼：不要太在意你從早到晚都該做些什麼。不要糾結於此，因為你不是身體和頭腦。

問：那麼，馬哈拉吉自己爲什麼還要過這麼有規律的生活呢？

尼：我是超越時間和生命的。宇宙的「生命」都依賴我，而我不依賴宇宙。

問：或許是這樣吧，但我們看到您生活得很有規律。

尼：我不受五大元素影響。很顯然，貌似我也糾纏在各種世俗活動中，但我其實無所作為。一旦你瞥見了自己的真實本性，若要得到永恆，你就必須在那裡站穩腳跟。我母親告訴過我，我是個男孩。但她從未要求我，要我記住這一點，並去重複道：「我是個男孩」。她只告訴過我一次，我就記住了。你不需要重複，「我不是身體」。一旦你真的領悟，就完成了。你必須堅定地相信，你不是身體，就像你確信你不會生孩子一樣，因為你也確信，自己是男性。任何時候，你都不會有這樣的想法，覺得自己是要生孩子的。

問：我應該怎麼禪修？

尼：定於「你存在」這一事實，定於你的存在感。

問：爲什麼您把這個「我在」稱爲食物精華？

尼：這個「我在」只是一個指向究竟實相的標示牌，但這個標示牌不是你。

身體是由這個顯化宇宙的粗重物質製成的傀儡，它不斷地變化著，並蒸發到外顯的宇宙中。當這一切被耗盡，它只是將自己轉化為了虛空而已。當這個身體完全化為虛無，就沒有頭腦，也沒有智力了。這種人類的智力，只跟身體一道存在。從空間中，身體將再次形成。在這個形成的過程中，智力是無法插足的。

問：並沒有所謂的「時間」，對嗎？

尼：你的「我在」定義了時間。時間只是一個概念。

尼（對另一個人）：你有問題打算問嗎？

問：去年我來印度，想找一位能引導我開悟的上師。我的想法是，找到一張能爲我提供詳細指導的「表格」，可以按部就班地照著學習，一步一步來。但見到馬哈拉吉後，我非但沒有找到一位手上拿著那種我想要的「表格」的導師，反而是被遞給了一個空的表格，或者說是一面鏡子。我發現，我沒有任何樣貌，我一無所有。只有純粹的虛空，一直在展現出變化。當我想到馬哈拉吉時，有時我看到他就是我自己，有時我看到他什麼都不是。在我面前看到的那個人，一直在變化——沒有什麼是我可以指著說「這就是他」的。這非常可怕，而且會產生一種巨大的恐懼感，恐懼還一直在增長。

尼：你形容得非常貼切，非常正確。無論你觀察到什麼，都不是別的，只是你的真我。擺脫你視之為自己的身形相貌吧。你所看到的任何東西，都是你的真我。

問：經常會有一些書上看來的，或者在這裡討論的概念、想法，出現在我的頭腦中，馬哈拉吉的形象也會出現在我的頭腦中。緊接著，不是在這之前，而是在這之後，我會感覺到，什麼都不存在、聽到的內容也是虛幻的。但只有在想到馬哈拉吉之後，我才會升起這種巨大的虛無感。

尼：是誰意識到了，什麼都不存在、一切都消失了？當一切都消失後，剩下來的是什麼？

問：正是這種時候，會感到恐懼。

尼：當一切都消失，你就是實相。

問：作爲一種見解，我理解這一點。有那麼一瞬間，會明白，然後我又回到了幻相中。我還放不下我的家庭、我的妻兒。這成爲了一種習慣，我又退了回去。

尼：你如此習慣於有概念在支撐著自己，以至於當概念離開時，儘管那裡是你的真實狀態，但你卻會感到恐懼，並試圖再次依附那些概念。這裡就是那個內在法則與「永恆」的交匯點，是邊界線。那麼，為什麼頭腦會感到困擾呢？因為，你體驗著的存在感，正在消融。當那個「我在」的概念消失時，頭腦也會消失，所以頭腦中有了「我正在消失」的恐懼體驗。

問：如何克服這種恐懼？

尼：那時，只需要看著那個瞬間。若感覺到「我要死了」，這樣的人並非是一個智者。你的真實狀態，超越了「我在」這個首要的概念。「知」就是首要概念，但這個「我在」或「知」是食物之身的產物。而你，究竟實相，與之不同。

死亡會降臨到「我在」這種特徵上，它是食物的產物，但究竟實相永遠都更勝一籌——這就是終極真理。黑天在戰場上向阿周那闡述了這一真知，那時戰馬都蓄勢待發，戰爭一觸即發。黑天從來沒有勸導過阿周那，說他應該剃了頭，到森林裡去修苦行——沒有那回事。一旦你領悟到這種終極真理，那時就可以隨心所欲了。黑天說，「振作起來，投入這場戰鬥吧！」而我說的是，一旦你領悟了這一點，你就可以，以飽滿的熱情，繼續過你的世俗生活。但要明白，你的真實身分超越了這種「我在」的特徵。

對一個智者來說，所謂死亡降臨之時，是最幸福之時，因為他要去到那個幸福的源頭了。那個「永恆」就是極樂，是甘露的海洋，是無死。

只是「在」就好

一九七九年九月九日

尼薩迦達塔：在你意識到自己有身體之後、在你意識到自己存在之後，從周圍的環境中，你收集了各種印象，並觀察著周遭那外顯的世界。在對世界以及其中的你自己有了全面思考之後，你一定得出了一些自己的結論。

你所有的行為，都根植於你對身體的認同，而身體則根植於「我在」這一覺知，而「我在」又根植於維持身體的食物精華。

這是你在這個世界上活動的「資本」。你現在所體驗到的這種存在感、這種「知」，依賴你所吃下去的食物精華。當你不能再消化食物時，你的生命氣息就會變弱，而且有朝一日，它會和「我在」的覺知一起消失。如果仔細審視，你就會明白這一切究竟是怎麼回事。在你體驗到身體或食物之前，你根本體驗不到自己或世界。

這種外在的顯現，無始以來就是如此：首先誕生的是虛空，從虛空中誕生出來的是風，從風中誕生出來的是光和熱，從熱中誕生出來的是水，最後，凡是從水中誕生出來的，就變成了大地，而整個生命都是從大地中萌生的。這五大元素共同承載著這一偉大的外在顯現，而「知」是所有五大元素共同組成的食物精華帶來的特徵。

提問者：如此一來，食物的不同品質就應該產生出那種「知」的不同品質才對啊？

尼：五大元素各不相同，品質在每種形態中也不同。這種「知」局限於身體時，似乎在不同身體中是不同的，但一旦它認識到自己，它將融入遍在的能知之力中，而後者是無所不包的。

問：幻相是怎麼產生的？

尼：物體又是怎麼會有影子的呢？幻相就是從構成身體的一切物質中誕生出來的，但這個摩耶，只不過是生命對那種存在感的愛和貪著。

問：我們無法跳出這個陷阱。

尼：要堅守你的本來面目，離於造作和執著。你陷入的只是一個臆想出來的陷阱。

問：怎樣做才能體證到這一點？

尼：什麼都不要做。只是安住在你的「我在」感中，並且，不要讓它跟身體的形象扯上關係。

問：爲什麼要安住於「我在」？

尼：你那能知能覺的存在感，是你必須去瞭解的，通過這樣做，你才能把握住梵——就像漁夫用漁網捕魚一樣，在你認清了自己的那種存在感之後，你也會把梵牢牢抓在手中。

問：頭腦，或者說是自我（ego），總是阻礙人們去認清自己。

尼：沒有「知」，頭腦就不存在。這些都是概念和文字，其實是命氣催動了頭腦。

問：既然已經知道我們是超越「我在」的，那爲什麼還要安住於「我在」？「我在」只是概念啊。

尼：「我在」只是一個概念——你何時意識到這點的？

問：我已經知道，所有一切都是概念，我不需要帶著概念而存活。

尼：沒有要帶著這個或那個而存在的問題，只是「在」而已。

問：聽說，我們應該以自己的本來面目而活。當我們待在這、待在這個房間裡時，很容易拋開那些我們所不是的東西，但如果我們走出這裡，要如何在一個並不眞正存在的世界裡生活呢？

尼：你會領悟到，其實你什麼都沒做；你將認識到，事情照樣會發生，但你只是正在發生事情的見證者——只要本然地「在」就好。對那些已經覺悟的人來說，世界在哪？世界就在那個存在感之中。

問：我什麼都不需要做？

尼：到目前為止你又做了什麼？

問：到目前爲止，我們之間來來回回都是在講關於「本然地『在』」和「需要做什麼」。是不是先得「本然地『在』」，然後再去「做點什麼」？

尼：「那個」，自己會照顧好自己。我只負責向你們展示事情的原貌，之後你們做什麼是你們自己的事。從一方面看，你會發現，一切都是你，都是你之真我的展現；但從另一方面看，你又將失去一切。

入門儀式

一九七九年九月十日

提問者：爲什麼馬哈拉吉在我們面前一再地貶損粗重的物質身體？

尼薩迦達塔：我可沒這樣做。所有一切，包括那個汙穢的身體，都是我自己，但從有到無的轉化過程一直在不斷地進行著——那個粗重的物質身體終將會化為虛無，如此循環往復。

問：我們爲什麼要擔心這種循環，也就是輪迴會加速惡化呢？

尼：誰在令其惡化？

問：我們都在做著這件事。

尼：既然你認為自己就是從腳趾到頭頂的這團肉，那令你擔憂的又是什麼呢？

問：有兩件事：這個世界和我的痛苦。

尼：你對身體的認同就建立在此之上。

問：我應該無視周圍的一切嗎？

尼：當你的體會和理解還停留在某個層次時，你會樂於受用周圍的一切、享受周圍的一切。但是一旦你超越了它們，你就會把它們當作糞便一樣排泄出去。比如說，假如我已經成為了梵天、領悟了梵天的本質，但如果有比梵天品質更好的東西，我將拋棄已經擁有的，而去企及更好的。這些都是衡量不同價值的標準或指標。

對我來說，周圍那些變化、運動的事物，不管什麼，都不構成問題。我也充滿了活力，我本身就是永不枯竭、永不停歇的。雖然「流」就在那裡，但我無法讓它停歇。而世界上的一切都在匯入我，它們會安頓下來，得到休歇。

毫無疑問，導師是非常重要的，他們的存在非常有價值，但最終，他們也將融入虛空。你所依附和貪著的任何東西，都將消失。放下一切吧，去領悟你是什麼。

問：我有個問題。昨天馬哈拉吉說，如果一個人想要了悟他是什麼，就應該只是堅守「存在感」這種覺知。這是否與弟子和上師之間的依從關係相似或等同？

尼：當你與這種覺知融為一體時，你會領悟到，「我在」這一覺知就是遍在的上師。

問：我問這個問題是因爲，我對馬哈拉吉懷有敬愛和尊重，我覺得他也在以一種非常簡潔、淳樸的方式回應我。我需要他的幫助、我需要他的智慧，以令我可以堅守「我在」之感。我對他的感情越來越深，所以我需要瞭解上師和弟子之間的關係是怎麼回事。

尼：凡是需要知道的，都包含在了那一覺知中。之前所說的，就是正確的答案。

問：由於我以前就一直待在這裡，所以馬哈拉吉的形像、他說的一切，都會在我的腦海中不斷地浮現出來。我也記得他說過，說我必須擺脫概念，甚至是「上師」這一概念。

尼：你說的很好。上師是智慧的化現，你也終有一天會成為智慧的化現。

問：您說的，我都接受。我應該做點什麼嗎，還是讓一切就順其自然？

尼：沒有什麼可做的。讓其流動，只是看著，無需做任何事情。太陽在照耀，光芒該射向哪裡就射向哪裡。

有一個用糖做的玩偶，那個玩偶也只是糖而已。同樣地，當你看到上師的形象時，它只代表了智慧、代表了能知之力。這個形象可能以上師、黑天或是基督等等的形象出現，它是智慧的化現，而你自己也同樣是那種智慧。

問：各種各樣的知識、形形色色的觀點，宇宙性的也好，個體性的也罷，都會不由自主地浮現在我腦海中。這些念頭流動起來之後，似乎會影響人們，讓彼此之間的關係起了變化。世間發生的諸多事情，我不太知道該如何應對。

尼：作為一個個體、一個幻影而行動的話，不可能是妥當的。無論什麼行動都是透過你來發生的，你若是不作為一個個體參與其中，那這種行動就是妥當的，是自發的行動。

問：在過去的旅行和參訪過程中，我遇到過各種各樣的導師。其中一個是教授咒語瑜伽的，還有一個是教昆達里尼瑜伽的。這些道路背後的真相是什麼？求道者必須瞭解昆達里尼覺醒或脈輪嗎？

尼：當你穩定在自己本具的智慧中，所有其他的智慧都可以為你所用。

問：無論我走到哪裡，似乎都能碰到跟這種昆達里尼有關的教導。我想知道，我是應該拋棄它還是去好好瞭解一下。

尼：拋棄它，但要緊緊抓住你的本來面目、你自己的真我不放。除了本來面目，不要接納其他任何東西。只是如其本然地「在」。唯一純淨的教導，就是關於真我的教導。

問：我在一本書上發現了伽耶特力真言[51]，我特別喜歡，似乎有某種功效。

尼：除了「我在」之知，不要使用其他任何方法。忘記其他一切。有一棵布滿了許多樹枝和樹葉的茂盛大樹，要去尋根溯源，而不是尋枝摘葉。

問：爲什麼上師們要舉行某種傳法儀式來接引弟子？

尼：那是他們的職責。結婚後，孩子成雙成對地出現——這也是夫妻歡愛換來的職責。上師向弟子傳法，這是一個自然過程。

問：這裡有傳法儀式嗎？

尼：哦，是的。你會被授予一句真言，你需要專心安住在神聖真言的含義上。

問：若要證悟那種境界，該安住什麼，或做什麼嗎？

尼：唯有堅定地相信神聖真言的含義，它指出了你的真我。你必須警醒，也必須專注。

問：要求得到傳法，這有錯嗎？

尼：沒什麼錯。如果你想要，就會被授予。事實上，那是正式的入門儀式，但所有這些談話就已經在引領你入門了。

問：我知道，但我希望得到正式的傳授。

尼：可以。但有了現在我給你的這些教導，其實你得到的會比在正式入門儀式中得到的更多。總之，你必須照我說的去做，你必須用心體會談話的內容。你就是「那個」，只是「那個」，除此無他。

51 伽耶特力真言（*Gayatri Mantras*）也叫做*Savitri*真言，是出自《梨俱吠陀》（曼達拉3.62.10）中的一首讚頌太陽神*Savitr*的咒語。此咒語被認為是最早的咒語，一切咒語之母，廣為傳誦。在印度的很多古代著作，包括《薄伽梵歌》中，都有提到這一咒語。在《薄伽梵歌》中，黑天自喻自己就是伽耶特力真言。

再次出生的原因

一九七九年九月十一日

尼薩迦達塔：人把所有罪業和功德的觀念套在自己身上，用各式各樣的概念束縛自己。能知之力依據眾生心中的概念，展現為無窮無盡森羅萬象，而我所要做的，就是要糾正這些錯誤的概念、想法。

提問者：導致我們再次出生的原因是什麼？

尼：一旦這種存在感，即「我在」熄滅，並融入到遍在的能知之力中，你還能指得出什麼會是下一次出生的「種子」嗎？

問：導致再次出生的，難道不是欲望嗎？

尼：那些欲望和欲習不是已經融入到「風」中了嗎？從這個意義上來說，那時你是遍在的。那時，個體在哪裡？再次出生的種子又在哪裡？如果你仔細審視一下，看看物質具體是什麼，物質其實是凝固的水。所以，當你談論來生時，再次轉世、再次被生出來的又是什麼呢？看！這是金屬，它是水嗎？你不會稱它為水，儘管從根本上說，它是從水裡誕生出來的。因此，如果你想要找出自己是誰，就請正確地使用明辨。好好找出自己到底是什麼吧，何必擔心來生呢？現在就去找出來，你是什麼！拋開所有那些無關的事情。

所有這一切萬物，都是從那個比空間更微妙的基底中誕生的。那個古老的基底，只是它自己在以各種身形出生，這就是轉世重生，除此之外沒有其他轉世。

你來這裡是想聽到某種合乎自己心意的知識，而我不打算傳授這種知識，我會把事實擺在你們面前。從孩提時代起，你們就經歷著各種人生階段，所有這些人生階段都已經過去。你所獲得的一切都會離你而去，那麼你打算抓牢什麼，並將其當作是你自己呢？

如果你想成為真正的自己──它是自由、豐盈、觸手可及的──這沒有任何困難；但如果你想成為你自己以外的東西，那就很難了。

問：但我們讀到、也聽到過「轉世」一說。

尼：你經歷過死亡和轉世嗎？這些都是別人的想法。你必須親自去找出自己是什麼，而不應該接受現成的答案。你需要自己獨立思考。要深思，好好找出來，你是什麼。當前，你就是那明明了了的覺知。當你試圖吸收它，它本身就會賜予你所有的智慧，但你必須只安住在那裡。

問：「我在」意味著什麼？

尼：「我在」意味著有三種狀態：清醒、夢境和深度睡眠。「我在」意味著你就是這三種狀態。當這些狀態消失時，記憶也就消失了，所以哪裡還有什麼轉世不轉世的問題啊？當身體死亡後，就會腐爛，變成一堆蟲子。它們的形成是因為五大元素之精華的存在，從其中生命誕生了出來。生命代表了什麼？生命代表了生命力。一切萬物、整個宇宙，都充滿了那種生命力，也就是能知之力，它通過「食物之身」表達了出來。因此，純淨的「我在」，也就是昆蟲、動物等等的生命力，本就存在著，只是通過一副「食物之身」獲得了表達。

這個首要的概念，「我在」，它的出現就是二元對立的開始。從此，「我」開始用自己計數，在這個計數開始之前，究竟實相中沒有數字，它是絕對平等的。隨著「我在」這個小小變動的出現，計數就開始了。

問：在智力上，我完全理解了，但我怎樣才能實證呢？

尼：理解智力的是誰？用什麼來理解的？

問：看起來我們需要做的是，進入那個充滿覺知的狀態，通常稱之爲「超越位」[52]。我們能有意識地進入那個超越位狀態嗎？還是必須把意識壓伏住才能進入？

尼：我能自然進入睡眠狀態，但我沒研究過入睡的訣竅。同樣地，這種「有意識」也能沉入到「無意識」中。

問：爲此我們需要付出某種努力嗎？恩典是進入超越位的訣竅嗎？

尼：你有付出過任何努力來獲得這副身形相貌嗎？它是自動、自發地到來的。同樣地，這也是自動、自發的，但你卻更想要付出某種努力，通過運用一些特殊技巧，進入那個究竟的狀

52 吠檀多將人所處的三種狀態，分為醒位（*jagrat*）、夢位（*swapna*）、沉睡位（*sushupti*），並且提出了第四態，叫做「超越位」（*turya*，或記作*turiya*），通常也稱之為「存在—能知—極喜」（*sat-chit-ananda*）。這種說法，最早見於《歌者奧義書》（西元前六至八世紀），不二論的源頭經典《蛙氏奧義書》中也如此採用。

態、成為那種究竟的狀態。

問：怎樣算是正確的禪修？

尼：正確的禪修就是去冥思你的真我。當你冥思的時候，應該遠離任何的概念或想像。梵是離於概念的。

問：禪修中，我試著允許自己思緒飄蕩，漸漸地，就會有片刻的寧靜。有時我能觀照到這些心念，但我沒法只是安住於「我在」。

尼：需要去觀照的，不是你的心念，而是「我在」這一覺知。一切都是「我在」展現出來的，但那些都不是你，你是先於「我在」的。

問：既然「我在」意味著擁有了所有這些混亂的凡俗狀態，那麼，我什麼時候才能有足夠高的境界，可以只是看著「我在」呢？

尼：學學阿周那。還有比戰場更加混亂的地方嗎？就是在戰場上，阿周那獲得了究竟的領悟。

問：我們必須學會在混亂的狀況下，只是看著一切，不去評判、不去判定那是混亂。只是安靜地忍受著，於內於外都保持這樣。我們能否超越混亂，在離於覺知的情況下，把新的秩序帶到我們內在？

尼：可以的。當你把自己從覺知中分離出來時，那便是寂靜。無論你試圖用自己的概念或智力來謀劃什麼，都是無用的。「永恆者」對於它自己，感覺不到「我在」。它不知道它在。

問：我想得到一點互動上的幫助，希望能在精神上受到啓發，只是爲了加快我內在專注的過程。

尼：這已經發生了，否則你就會離開。為什麼大家要來這裡，花這麼多錢，走這麼多路？他們為什麼要坐在這裡？這裡有美景嗎？當究竟實相正在開啟的時候，人們就會來這裡。它是在不知不覺中開啟的，而在知情的情況下發生的任何事情，都不會持久。在不知不覺中，它自發地開放，你體會不到這一點；而你體會到的無論什麼，都無法一直保留下去。還在孩提時，你是否能意識到自己正在形成一個身形或相貌，以及自己會經歷後來的所有這些人生階段？一切都是自動發生的。

問：在禪修中看到了紫光，意味著什麼？

尼：這些都是由你自己的光芒創造出來的影像。那道光可能以上主黑天、基督或羅摩等形象出現，但那是真我之光，是你創造出來的。

問：有沒有特殊的意義？

尼：你看到了你自己創造出來的光。所有的經文都在讚美那個本質，但你，究竟實相，不是那個本質。毫無疑問，這是非常重要的一步；那個本質是偉大的，但我，究竟實相，不是那樣的。

隨興而活

一九七九年九月十四日

提問者：在禪修中，當達至寂靜並參問「我是誰？」時，會出現一種更深層次的寂靜，其中「我」這個概念升不起來。這是否就是那種理想狀態？如果是的話，在證悟眞我之前，這種狀態是不是會閃現出來？

尼薩迦達塔：這些覺受體驗依然處在你名為「出生」的這一狀態的領域裡。

問：我所說的狀態，是一種忘記了出生、忘記了名字和樣貌的狀態。

尼：你所描述的三摩地，或禪定，是正確的，但它仍然是身心想像出來的產物。你在禪修中的任何體驗，也就是那種寂靜的體驗，都被限制在「知」的領域裡。「知」出生了，它將會離開。而你是先於「知」而存在的。

問：有人說，眞我是自明閃耀的，它就是光，而覺知是這種光芒的一種反射。如果追尋這道光，是否就能找到馬哈拉吉所要指出的那種狀態？

尼：顯現在你面前的任何東西，都是從那覺知裡展現出來的。

問：我說的是一種自明自耀的光，其本身就相當於眞我。如果要追尋實相，找到了那道光是否就能找到實相？

尼：有一種眞正的覺性（Awareness），從那種覺性中產生了「知」，也就是你的「我在」感。與你的「知」融為一體，這就是你所能做的一切，而究竟實相自然會向你敞開——你只能看著這一切發生，無論你怎麼做，都不可能得到它。

問：在馬哈拉吉的覺知中，是否有一種自明自耀的光芒，這種光芒不會限制他的覺知，這種光芒是他覺知中不可或缺的一部分？

英文翻譯插話：馬哈拉吉先前已經肯定了這一點。這些都只是名稱，你可以稱它爲「眞正的覺性」、「究竟實相」或「光芒」，其實意思是一樣的。

問：並非是字面上的意思？

英文翻譯插話：對，不是字面意思。

問：在不二論吠檀多的許多宗教典籍中，都表達了這樣的觀點：當一個人成爲眞我的那種覺知時，會有一種光芒滲透出來，而世界或摩耶的光是這種原始光芒的一種投影。不是字面上的意思嗎？

尼：摩耶是由那個無法描述的「一」展現出來的。覺知通過這一切彰顯著它自己，而你是先於覺知而存在的。覺知是這個外顯世界的精粹，而你，究竟實相，是覺知中的精粹。你讀到的只是作者的觀點，它與你的個人經驗吻合嗎？

問：不吻合，這些都是關於「我在」的教導。他們還說，所有的上師都是一體的。

尼：上師都是同一個無所不在的「我在」之知。而真正的上師，已經超越了所有這些概念，包括「我在」這個首要概念。

問：這種超越可以逐步達成嗎，還是立即就發生了？

尼：嬰兒一旦生下來，你就會說：「孩子出生了」。難道懷胎不是要花九個月嗎？如果你思考上九個月，這期間的進步會是漸進的，但「出生」本身是突然就發生的。

問：好吧，有一個醞釀期。實際情況與此類似嗎？

尼：在這個比喻中，雖然說是「九個月」，但並不準確，其實你存在於「懷胎」之前。整件事情都是一場幻覺：沒有人出生，也沒有人死亡。一切都是顛倒扭曲的。

問：確實如此，但我們中有些人比其他人更顛倒。關鍵是，要如何變得不那麼顛倒。

尼：再次回到原先的位置，但什麼都不用做。安住在你的存在感中，該發生的事情就會發生。你必須有一種要達到實相的深切渴望，你必須有強烈的意願，要去領悟。對這樣的人來說，上師會到來，會打破外面的硬殼。

問：是的，但還要附上一條戒律，那就是應該保持心無所求；渴望也同樣是一種欲望。

尼：在那一刻，渴望是必需的。而變得心無所求，這會是最後的欲望，這也是必須的。

問：這種渴望會表現在哪些方面？

尼：有沒有這種渴望你自己知道，需要有人告知你你是醒著的嗎？

問：是的，有時候是需要的。

尼：你自己是知道的。

問：好吧，但對求道者來說，有時候確實需要有人敲一下他的頭。

尼：這我同意。你的本來狀態是你有權得到的某種東西，那是你活著的首要資本，它會做任何該做的事情。那種狀態本就是你的，在你出生之前如此，在你死亡之後也是如此，它是你的永久財產。而你的「我在」會在那個資本中，也就是在究竟實相中耗盡。

問（另一個提問者）：我有個問題。爲什麼當我意識到自己的父母和上師都只是概念時，我會感到悲傷？我身上其實是充滿了愛的，但當明白他們只是概念時，就會升起一種痛苦的感覺。

尼：除了「我在」之外，沒有其他概念；所有父母和上師，都源自那個原初的幻覺。

問：厭惡的東西很容易擺脫，但喜愛的東西卻不會這樣，會帶來痛苦。

尼：不該做的事情做了，該做的事情沒做，因此，就有了這些痛苦。執著不應該與身體捆綁在一起，要去克服對身體的認同。對上師的愛是沒有二元對立之感的。

問：覺悟的眾生如此之少，而渴望覺悟的修行人又如此之多。爲什麼成功者這麼稀少？

尼：一切都是自然顯發的——呈現出這樣的結果，其中並沒有什麼原因。因此，對於你提出的為什麼很少有人成為覺悟者的問題，指不出什麼原因。這個問題無法回答。

你要努力成為那種不局限於身心的愛，那種愛是圓滿而完整的，但如果愛是發自你的身心，那它就會是你痛苦的根源。只有當你從基於身體的愛中擺脫出來之後，才能夠超然而離於執著。從身心的狀態中解脫出來，進入愛的狀態，這將會是一切喜悅的源泉。

問：在寂靜中，有時我會相信，我能夠與自性上師進行交流，一種最高層次的交流。

尼：這是不錯的體會，但依舊是個體性的。

問：或許還是個體性的，但當個體被他所崇拜的對象吞沒後，就有可能變成非個體性的。

尼：今早你有看到我們是怎麼拜讚的嗎？

問：是的，我看到了。

尼：沒有夜晚，沒有白天，沒有深度睡眠，沒有清醒狀態，沒有飢，沒有渴——這就是那種狀態，但這一切都是我的展現。拜讚時你覺得自己在場，但我不覺得自己在場。我也敬拜，我也拜讚，但我沒有參與其中。我的真實狀態超越了這些。

問：我覺得就像是，眞我自己在敬拜著自己。

尼：不管你怎麼描述，都行，但這仍然是一個概念。你說出的任何概念，未來都會框住你，因此，不要有任何概念。你已經是究竟實相，不要試圖成為什麼。

問：在實際生活中，面對這個相對存在的世界，人們該怎麼做？也就是說，工作、成功、我們生活於其中的以目標爲導向的社會、我們所擁有的家庭等等，面對所有這些時，我們該怎麼做？

尼：遍含於五大元素中的能知之力，展現出了這個世界，它的責任就是照顧好這個外顯的世界。這個世界是能知之力的表達，但你不是能知之力。要體會這個能知之力，並隨興而活。

徹底拋棄頭腦

一九七九年九月十六日

尼薩迦達塔：毗濕奴的火焰應該是永遠燦爛和明耀的，雖然它進入了這副身體，但並不表示其本質發生了變化。無論那種火焰是進入動物還是人類的體內，都不會失去其天然的品質。即使你聲稱占有了它，說著「我在」，但它仍然是一體的。整個能知之力的王國都屬於你，當你了悟到這一點時，你就會明白，你並非是一個個體。

提問者：馬哈拉吉說過，「我在」就是「知」，有了它才有了世界。而在它下面的是遍在的覺知，但那是沒有個體「我」感的覺知。「覺知」（awareness）這個詞本身，暗示了存在感，但有存在感也就意味著有了二元對立。反過來問，存在的又是誰呢？思考至此，又回到了「我」的感覺上。

尼：在你清醒的狀態下，在進行理解和認知的是誰？

問：是「我在」。

尼：醒來的狀態就意味著「我在」，但誰在觀察著這個「我在」呢？先於清醒狀態出現之前，你難道就不存在嗎？

問：那種覺知，或者說是存在感，有一個參考中心，而這個參考中心總是不得不回到那種感覺上，感覺到它自己存在，或說是「我」存在。

尼：在這種感覺背後，並沒有一個實體。

問：要怎麼確認這一點的呢？

尼：它只是「在」，這是無法描述的。對此，語言無能為力。這整個外在顯現，都只是那種永恆狀態運動導致的結果。沒有人成為了超梵，沒有人能夠成為超梵。它一直都在。「我在」之知出現在你身上之前，那裡就是超梵。

問：可以這樣理解，有了「我在」就相當於是有了自我和頭腦。上帝，他自己描述過自己：「我就是我」(I Am That I Am)，此即是眞理。但這裡面有兩個「我」。

尼：一個「我」是基底，而另一個「我」指的是運動的宇宙。

問：即便一個人退回到源頭，超越了「我在」，但仍然還是有一個「我」的感覺。

尼：如果你能正確地返本還源，「我在」這種覺知就會消失，不再有運動和變化。

問：有人把上師比作太陽，因爲上師散放著光芒，而求道者必須轉向那道光芒，對嗎？

尼：上師只是最純淨的能知之力，它是無所不在的。

問：但書中描述了求道者與其上師相遇的各種情形，據說，上師是兩方之中付出更多、更渴望找到求道者的一方。

尼：不要在這裡引用任何書籍。請直接問問題。甚至不要用「上師」（Guru）這個詞。那是最純淨的能知之力，僅此而已。

問：有個求道者就坐在這種最純淨的能知之力面前。據說，這種能知之力會展現成人形，或展現爲非人形。那麼，他會不會非但沒有引導求道者轉向光明，反而對求道者產生了個人興趣？

尼：真正的求道者，只渴望能夠了悟真我。其餘的欲望會使你有資格被稱為是「個體」，而不是「求道者」。這些都只是你頭腦、智力的天馬行空。

問：這種渴望是否意味著，求道者愛能知之力勝過能知之力愛他？

尼：他們不是兩個，他們是一體的。沒有區別。

問：那是在究竟層面上。

尼：如果你能感受到那股流動的愛，那就是你自己的能知之力在流動。不要以為你在愛著某個人，或者在關心著上師，又或者上師也必須關心你。是你自己的真我，渴望知道這些問題的答案，而那就是愛在流淌。這種愛，即是真我在愛著真我。

問：但是，有東西正不斷從能知之力中流出，來幫助求道者了悟到這一點，難道不是這樣嗎？

尼：「憶念上師」只對那些能知之力想要與之合一的人有奇效。

問：我們接受的教導讓我們相信，純淨的心靈是覺悟的必要條件之一。我們所說的「純淨」，是指頭腦中有善念，還是指任何其他的想法，不管其具體內容如何？

尼：要徹底拋棄頭腦，頭腦只代表了身心，代表了對身體的認同。你是沒有形狀或名稱的。當水從河裡取出來時，它的本質有變化嗎？盛水的容器僅僅是想像出來的，而水始終是一體的。透過那些偉大的化身，是什麼在彰顯？是什麼也透過驢和豬的身體在彰顯？一切都只是能知之力。

這是一個夢

一九七九年九月十七日

提問者：西方神學中有一種重要的律法，是犧牲的律法[53]，它有兩個好處：如果放棄自己的惡習，不僅可以不重蹈覆徹，還可以培養願力（willpower）；放棄惡習的另一個好處是，若有所願求，註定會得到滿足。這種規律在馬哈拉吉身上也成立嗎？

尼薩迦達塔：這是完全正確的。願力增長了，你就會被賜予你想要的東西。「犧牲」意味著放棄和捐出自己，在更高層次上，它可以被稱為「超然離執」（detachment）。

問：馬哈拉吉能否給一些建議，爲了達到這個目標，最初我們可以放棄什麼？

尼：你來到這裡，但我並沒有把你視為一個普通人。我假設你在來這裡之前，就已經學習足夠多的教導。因此，我不會直白地告訴你，要捨棄這個或離開那個，因為我相信你所求的是很高層次的東西，遠比這個要高；你不是一個普通的求道者。你有卓越的智力，所以我現在才這樣跟你說話。

問：這種器重反而讓我很難達到那個高層次。

尼：我不要求你去達到某種層次，我只要求你看到什麼是真相。

問（另一個人）：關於他提出的「犧牲」有助於獲得自己想要的東西的問題：「想要」本身不也是一種習慣嗎？「想要」難道不是出於無明嗎？

尼：雨滴正在落下——雨會落下，風會吹起，這難道不是它們的天性嗎？只要還認同身體和頭腦，很自然就會想要點什麼。一旦超越了這種認同，就不會再有欲求了。

問：我的經驗是，我越是不執著於身心，我想要的東西就越少，需求反而越容易得到滿足。

尼：即便覺得自己正在變得超然，也是不正確的，因為你本就是超然的。當你的自我完全消融時，你就能使用眾多的身體。

53《舊約》記載自從亞當開始，上帝就與其子民立約，要求他們獻出頭生的羊作為祭品的律法；上帝還曾測試亞伯拉罕，讓他將自己兒子作為獻祭。《新約》中，耶穌基督就是純潔無瑕的被獻祭的羔羊，他犧牲了自己，使世人得以脫罪。自此，基督教教義不再推崇流血的犧牲，而以犧牲個人的時間、財物和服務來服務上帝，這是對上帝有信心以及自己能得救贖的重要指標。

問：是有意識的使用，還是無意識的使用？

尼：一切自然顯現，其中沒有個體性。能知之力是無所不在的，它運作著一切，但這種運作並沒有必要在知情的情況下進行。

問：只是發生，沒有知道或不知道的問題？

尼：是的。為什麼常常會有人質疑這一點？為什麼我們之間會有爭執？有些人懷揣著一些高深的靈修概念來到這裡，他們認為自己很懂靈修，他們希望我頒給他們一張漂亮的證書，上面寫著：「是的，你很有見識」——這種事我做不出來，我必須打掉他們的概念，因此就有了彼此的對峙。衝突就是這樣出現的。

問：是的，我就是爲了能被這樣敲打才來這裡的。然而頭腦，也就是執持概念的那個東西，感到了恐懼，只靠著願力支撐。

尼：誰是願力的知者？

問：若要問「知者」，頭腦總能給出個答案，頭腦總是能給出某個概念，但我現在正在釐清，而且，我盡了最大努力。

尼：沒事的。我知道你還在認同頭腦，我知道的。

問：我自己也知道。

尼：試著去看透那個「我」。

問：是的。當我第一次知道自己要來這裡時，頭腦變得非常興奮，有許多問題和想法，想知道和馬哈拉吉待在一起會是怎樣的，但我非常清楚地看到，這是頭腦的遊戲。因此，每天早上帶著問題來到這裡，對我個人來說，我知道這是頭腦的遊戲。但對我來說，也只能採取這種對峙的方式參與進來。

尼：現在你已經瞭解了頭腦的秉性，那你是否已經獲得平靜？

問：有時是平靜的，然後頭腦又開始胡思亂想了。

尼：要知道，你不是頭腦。那種見證頭腦在遊戲的狀態你是何時經歷的，是在早些時候還是在你來這裡之後？

問：是早些時候，算是成長經歷的一部分，十年前吧，我有過一次體驗。從您所說的來看，您所稱呼為「自性上師」的那個，似乎是我們無法命名的，而我跟隨那種呼喚已經有十年了。那種內在的呼喚與我在馬哈拉吉這裡體驗到的，兩者之間沒有任何區別。

不過我有個操作上的問題：當一個人閉上雙眼，安住於「我在」中時，最初會看到一片黑暗。眾所周知，這種昏暗能變得清明，而且會變得無限廣大。但怎麼才能做到這一步？

尼：你為何想要改變黑暗？

問：身處黑暗中的人如果有能力把黑暗變成光明，那何必還要繼續徘徊在黑暗中呢？為什麼不直接享受光明呢？

尼：想把黑暗變成光明的是誰？正是在那片黑暗中，流淌著幾道光中之光。那不是黑暗，那是甘露之池。跳入其中吧，就這麼放手。

問：安住於「我在」的狀態時，還遇到了另一個問題，最初能感覺到這種狀態是包含在頭部之內的，然後升騰起一股巨大的能量，這股能量的釋放實際上就是覺知充盈之後的溢出，例如充滿了一個房間。這種情況對嗎？

尼：說話時不要站在身體的立場上。你說的那種充滿房間的覺知，自然而然會完全占據整個房間和宇宙。在安住的過程中，它擴展到整個宇宙。當充分擴展後，它就會穩定在梵穴處。

問：學習昆達里尼瑜伽，即沙克蒂，學生有很多，智者是否一定要借助修行，借助他的身體，喚醒所謂的昆達里尼呢？

尼：智者對昆達里尼沒有任何興趣。在你出生之前，昆達里尼在哪？這個昆達里尼就是你所感知到的一切、你所看到的一切。他們用不同的名字來稱呼它，僅此而已。

問：但是有些瑜伽士能蓄起一股能量，並讓能量穿過七個脈輪，據說是沿著脊柱往上走的。

尼：你說的沒錯，但在你出生之前，能量是不存在的。它只是念頭而已。

問：那麼，他們被騙了嗎，所以才修習昆達里尼瑜伽？

尼：只要是想修行的人，都可以去修，但這算什麼呢？是零而已，什麼都不是。

問：從您所說的來看，所有這些都仍然只是覺知中的遊戲，如果一個人選擇了認同覺知，那就可以無窮無盡地遊戲下去。

尼：無論一個人選擇或喜歡上什麼職業或娛樂，他都有權力那樣做。

問：我們一直在做的，就是試圖找到眞正值得玩的遊戲，然而這一切都仍然只是覺知中的遊戲。

尼：真正的你，沒有在玩遊戲，而是在見證。

問：我已經明白，讓我一直在覺知中貪玩遊戲的，是一種恐懼，恐懼沒有變化、沒有刺激，恐懼「什麼都不會發生」。而在我從覺知中解脱出來的那些時刻，事情還是照常在發生，但它們的出現和我的意願無關。它們的發生源自宇宙的推動。

尼：當你看清這些時，你還在覺知中嗎？

問：至少看起來我跳出其外了，我看到了夢境只是一場夢。

尼：你還不清楚自己到底是在夢裡還是夢的外面。你可以只是看著這個夢。

問：只要還認同身體，在我看來，這個「觀看者」在某種程度上就仍然還在夢裡。

尼：是的，他並沒有醒來，這是一個夢。

問：就像那些介於夢境和清醒之間的時刻，那時會突然意識到，自己正在做夢。從夢中醒來時，「我」的連續性並沒有中斷。是「我」從夢中醒來了。

尼：整個夢境都是你自己。你看到的不是夢，那是你自己。那個看到一切的覺知看穿了夢境本身。

問：思維動盪得厲害的時候，持誦咒語有用嗎？

尼：是的。持誦咒語只是為了調伏你動盪的頭腦。

生命能量的大戲

一九七九年九月十八日

提問者：在實修中我發現，當安住於「我在」這種覺知時，現在跟之前比有了一點小小的變化和差別。我可以安住「我在」，但卻沒有「我在」的感覺。它似乎變成了某種外在的東西。

尼薩迦達塔：當你覺得你與「我在」感分離時，難道沒點什麼東西或什麼人在了知著彼此之間的差別嗎？

問：沒有，這只是一種感覺。

尼：要弄清楚，你是在不知不覺中分離出來的嗎？

問：感覺像是一種觀照。

尼：我們都是自願出生在這裡嗎？還是說這種「知」，不知不覺就出現在我們身上了？

問：不知不覺。

尼：這種存在感在你不知情的情況下出現在你身上，但你是根據自己的意願來使用這份存在感的。我想要宣判這個個體的死亡，難道我的判決不公正嗎？所以好好想想吧！個體必須離開，而超梵是最純粹的正義和真理。

我們今天在這裡發言，不是出於我們自己的意願：我們認為自己有選擇，但其實我們沒有。你或許可以入定一天或一個月，但當你出定後，能知之力並沒有什麼不同。你覺得自己已經證得了三昧，但能這樣覺得的「那個」早已存在，跟你的選擇無關。

問：安住於「我在」時，是否有可能像在入定中那樣，失去對身體的感知？

尼：入定中，「我在」之知被擱置了。

問：但並沒有眞的失去什麼，也沒有丟失什麼，對嗎？

尼：沒有，什麼都沒失去。

問：這種意願或意願力，跟「我在」是一回事嗎？

尼：它就是「我在」。它自發地出現，然後出於意願被使用。

「見證」出現在先於能知之力的基底上，出現在究竟實相上，但究竟實相是借助能知之力來進行見證的。在夢境中，並沒有一個實體的「我」存在，但你仍然看到了整個夢境。一切事物的基礎都是那種覺性（Awareness）。

問：究竟實相會自發地出現和消失嗎？

尼：究竟實相是先於能知之力的，那個基底一直都在。而這種自發的出現和消失是能知之力的特性。

通常情況下，上師會根據弟子的根器來講法。通常他告訴愚鈍者，在死亡時，一切都會融入到能知之力中。他不會談論先於能知之力的那個基底，因為不是所有人都能理解。

問：「太陽」下山後，智者會迎來另一個「黎明」嗎？他能產生出另一種覺知嗎？

尼：智者代表了那個基底，而那個基底沒有所謂上升或下降的問題。你的語言框不住智者，他就是究竟實相。

問：沒有覺知時，還能有覺性嗎？

尼：究竟實相、覺性，是支撐覺知的基礎。

問：但覺知個什麼呢？沒有覺知對象時，還能有覺性嗎？

尼：在超梵狀態下，「知」這一特性是不存在的，同時也沒有顯化出來的覺知，沒有任何此類的點綴或裝飾。超梵不知道自己存在，其中也沒有現在的這些外在顯現。宇宙消融時，究竟實相是不受影響的。它一直在。這個基底現在正借助能知之力在說話。而在能知之力的領域裡，外在顯現連續不斷地演進著。

問：我以前住在一個島嶼上，我經常觀看大海。海浪不斷地出現和消失，我意識到這跟心念是一回事。我們在這個世界上看到的一切，和波浪的嬉戲並無區別。對大海來說，我的個體性只是一瞬間的閃現。但這些只是根據自身經驗的一種描述，我的領悟還只停留在這個層次。

尼：究竟實相是超越能知之力的，而後者具有顯化的能力。這一切就是那個充滿活力的生命能量的大戲，那就是個覺知的海洋。

問：當波浪靜止時，那個基底就不存在了嗎？

尼：究竟實相獨立於這個如海洋般的能知之力，但若沒有究竟實相，能知之力也無法存在。究竟實相是後者的基底。

在母親生下你之前

一九七九年九月十九日

提問者：幾年前，我參加了練習專注力的課程，一段時間後，這課程幫助我找到了控制頭腦的鉗子和把手。我在某個練習上實踐了一段時間，它要求練習者在黑色的背景下對一個物體進行觀想，同時忽略其他的東西。我後來明白，練習專注力可以如此強大，以至於改變了大腦本身的回路。我應該繼續下去嗎，最終的結果會是什麼？

尼薩迦達塔：除非你認識你自己，否則你意識不到這種專注的本質，而一旦你認識了真正的你自己，你就不需要專注了。是誰在專注，為了什麼專注？

問：攝心一處，任何形式的禪修都以此爲先決條件；令心安靜，任何類型的領悟都以此爲基石——因爲一切心念都必須被連根拔起，如此一來，掩藏在下面的實相才能顯露出來。這就是我選擇要修習禪修的原因。

尼：你想要學習、實現或領悟的那個實相，行禪修或一心專注就能獲得嗎？在禪修之前，實相是否就已經存在了呢？

問：是的。

尼：即便禪修，你也無法讓實相從無到有地冒出來，它已經存在了。

問：但如果沒有雜念的干擾和遮蔽，我就可以更容易地認出實相。

尼：正是因為所有這些想法，你才無法企及你想要企及的實相。

問：但我現在快了，因爲練習了專注，我已經能夠調伏和控制頭腦。

尼：你還有各種概念和想像，但不管你是怎麼想像的，最終你的理解和體會只會局限於此。

問：大家普遍認爲，禪修對獲得必要的覺受體驗是非常有用的。例如，以「我是無所不包的無限之光」來禪修，或是以「我在」來禪修，都可以是個門檻，使人能觸碰到馬哈拉吉所指的那種狀態。

尼：是的，這類禪修可以將你導向為一個求道者。但你求的是什麼道呢？禪修只是用來入門的。

問：但它是一種法門，對吧？

尼：求道者需要去禪修。若想要達到你在追求的那種特定狀態，禪修絕對是必要的。但能禪修的那個，它是先於禪修的。

問：昨晚禪修時，我想到了馬哈拉吉說的「答案是先於問題的」，我頓時明白，的確，只有與答案相連，才會產生出問題。於是我就有了一個問題：當馬哈拉吉說我們不是身體時，他指的「身體」就是身形相貌嗎？

尼：這個身體是如何產生的，對此你是怎麼看的？

問：身體和覺知是同時出現的，而在此之前，我對身體一無所知。

尼：你必須知道，這個身體為什麼會出現，以及這個覺知是怎麼來到你身上的。

問：若要正確答出這個問題，我還做不到，我還在探索和瞭解中。

尼：只去好好地思考這個問題：你身上的覺知是如何出現的？

問：若究竟實相存在宇宙的所有原子中，那麼身體在原子的物質層次上，不就是究竟實相嗎？

尼：什麼樣的原子構成了這副身體？你有答案嗎？

問：構成身體、世界、個體和上帝的，正是「我在」。當它出現後，所有其他的才會出現。

尼：接下來呢？

問：身體由兩種體液匯合而成，體液中蘊含的指令構建出身形相貌。身體就是這樣產生的。

尼：胎兒在子宮的九個月裡，「我在」之知是不存在的。「我在」是在身體出生後才出現的。

問：不對吧。馬哈拉吉說過，「我在」是在受孕時產生的。

尼：受孕的時候，你知道你是存在的嗎？

問：不知道，但這可能只是因爲我當時能力還不夠。

尼：在母親生下你之前，有什麼是你知道的嗎？被父母一番灌輸之後，你才開始意識到自己是一副身體，是一個孩子，諸如此類的事。在那之前，你甚至不記得自己。

問：這與之前的說法不一致。

尼：不管以前是怎麼說的，現在都與你沒一點關係，先拋在一邊吧。製糖所用的原料就蘊含在甘蔗裡，你若拿到了糖，就可以把蔗渣扔掉了。同樣地，現在所談論的，可以算得上是來自甘蔗裡的糖，這種「甜味」既沒有名字也沒有形象。這種「我在」的甜味，你知，我也知。這種味道會何去何從？

問：我還在品味。

尼：那種「味道」不是永恆的，那味道不會持久。一旦你明白了這一點，未來的你，最終會是什麼呢？

問：未來仍然是個謎。

尼：那種甜味怎麼還有什麼未解之謎？

問：那種甜味最終會消失，所以未解之謎不可能藏在甜味裡。甜味不是謎，而「品嘗者」才是個謎。能知之力才是「品嘗者」，對嗎？

尼：你看，你是知道的，你是知道答案的。「味道」只屬於五大元素。身體起源於五大元素，但你不是身體；身體和命氣的結合產生出了這種覺知，但你不是覺知。你是隱藏在其後的實相，要安住在那裡。

問：在這裡聽馬哈拉吉一遍又一遍地提醒，與突然直接面對是完全不同的。在初次面對的那一瞬間，人其實搞不清楚狀況。

尼：誰要面對誰？這些都只是想法。你已經有一定的領悟，但你不承認自己領悟了。所以靜下來吧，安住在那裡。

你是從哪裡來的？（對另一個人）：你。

問：我從室利·拉瑪那道場來。

尼：在那裡時，你有過不錯的三摩地體驗嗎？

問：如果「三摩地」是指內心的平靜的話，是的，常常都有。

尼：若要除去某種汁液中的雜質，可以將其煮沸。當再沒有氣泡冒出來時，此時的情況就可以稱為是「三摩地」。只要心中還有狀態變化，就不是三摩地。

問：對我來說，還仍然有一些「氣泡」！禪定得越深，我的身體就越虛弱、越痛苦。這種情況使我心煩意亂。馬哈拉吉有什麼建議嗎？

尼：在某段時間內，這種情況可能會持續出現。即使是拉瑪那尊者也曾在身體上受過一些苦，出現了一種灼燒的痛感，持續了一段時間。不要對此心存恐懼。可以舒緩地繼續禪修、學習，以及憶誦神名。在修行過程中，由於身體此一工具的性質和三德的不同，每個人的覺受體驗都會不同。

問：我請求馬哈拉吉加持我，讓我有足夠的勇氣和內在的力量可以漠視身體和頭腦。

尼：要帶著對拉瑪那尊者完全不可動搖的信心，繼續修行下去。你可以來這裡聽講，但要記住，你的自性上師是拉瑪那尊者。

問：我明天就要回拉瑪那道場了，馬哈拉吉能給我一些祭餘（*prasad*）嗎，我可以帶著上路？

尼：我給你的祭餘就是：你應該對你的上師拉瑪那有全然而不可動搖的虔信（*Nishta*

Bhakti），不管發生什麼。無論下雨還是晴天，無論快樂還是痛苦，無論活著還是死亡，你的信心都不應該動搖。你不必去任何地方，也不必見任何其他聖人。他才是你的上師。

問：請馬哈拉吉告訴我們，待在這裡，待在馬哈拉吉的臨在中，會收到怎樣的好處？

尼：好處是無法估量的。就像你無法估量虛空，同樣地，能有一位自性上師，這種幸運也是無法估量的。如果你能明白這一點，你就是幸運的。

問：在來這裡之前，我認爲我的心是冰冷的，但現在我發現，在偉大的「解凍師」面前，我的心正在溶化。

尼：讓事情順其自然，該來的來，該去的就去吧，而你，只是一個旁觀者。不要在這個溶化過程中受傷或陷入其中，因為那些只發生在身心的層面上，與你的真我無關。心中無論體驗到什麼，都無法影響你。你超越了心的認知，超越五大元素。心，只是由這些元素組成的。

與整個宇宙緊密相連

一九七九年九月二十日

提問者：什麼是美德和信心？

尼薩迦達塔：你知道自己的本來面目，並生活在這種真相中，此時，你所擁有的就是美德。知道了真相，你一定會展現出相應的行為。

問：那麼，美德就是德行，是來自聖人的祝福，而不是可以獲得的某種東西。同樣，信心是了悟真我的必要條件，也是聖人的恩賜。對這兩個說法，請問馬哈拉吉有何評價？

尼：你說的是正確的，這種說法可以將個體的行為導向好的方向。但我所說的只與遍在的顯化有關，而不局限於個體。

問：馬哈拉吉有時會提到一種高級「靈性」。據觀察，所有靈魂都是相似的，既沒有高低，也沒有貴賤，而所有靈魂中都蘊含著一種全人類一體的友愛。

尼：我們與整個宇宙緊密相連。這種遍在的「友愛」存在於每一個原子中，無論是在食物中還是在身體裡。當個體性被拋棄、被消融，身體和所有的行為活動都將是一體的，為遍在所用。從那之中展現出來的任何行為，沒有人可以聲稱是「我的」。

問：馬哈拉吉並沒有眞正回答我的問題。

尼：你是以個體的身分在問，而我是從整個顯化法則來回答的。至於個體應該如何與他人相處，有不同的學說。

問：昨天有人問了一個關於齋戒的功效的問題，馬哈拉吉就給出了一個立足於個體的答覆。

尼：那個回答是針對無知者的，並非針對有了一定程度的求道者。

問：我正在尋找有助於了悟眞我的輔助手段。

尼：「了悟真我」是沒有難度的。那個「你」覺悟了一切、體驗了一切、見證了一切。但真正的你是在那之前的。只要在你的核心深處堅守住信念，你就會成功。

問：我問的問題，除了已經回答過的主要問題外，其實相當於是給畫作做最後潤色的小筆觸。

尼：當你成為了所有靈魂中的根本靈性，還有必要去尋求別人的幫助來進行最後的潤色嗎？

你不依賴任何人，一切只取決於你對自己本來面目的信心。至此，畫作已經完成。你來這裡是想得到印證的，但你要的印證就藏於真我中。

問：這是一個新的經歷、新的調整。

尼：它一點也不新。它是最古老和永恆的。

問：我知道，我知道！那麼，有人說我們應該臣服，怎麼臣服呢？

尼：交出自己，不僅僅是我們的財產。交出整個覺知。有各種類型的布施，但最大的布施是捨棄「我在」這一覺知。當你放棄它，你就能出離生死。

問：在這個世界上，我們應該如何行動？

尼：別去管要如何行動，其實你什麼都沒做。清醒狀態代表了有行為活動，深度睡眠則代表了有平和與安寧。有了這兩者，就意味著有「我在」，但你，究竟實相，既不是清醒狀態，也不是深度睡眠，更不是「我在」。

問：為什麼我只覺得這個身體是我、某個特定的身體是我？

尼：不要再想那個身體了。只把清醒狀態和深度睡眠狀態當作是你，先這樣吧。

問：我怎樣才能消除對死亡的恐懼？

尼：因為你相信有死亡，所以你才關注死亡。十五天內不要再問任何問題，靜靜地聽。只需要保持安靜，你所有的問題都會自動得到解答。

你們所有這群人中，只要有一個人能夠敞開自己，對我來說就足夠好了。這裡是最後一步，從「存在」到「不存在」。無論過去幾百萬次輪迴收穫了什麼，又或積攢了什麼，它們都將在這裡被引爆。

問：昨天午餐時，我們有一些人正巧討論過這個事實：這裡是一個獨特而理想的場所，可以帶來一些東西，但卻得到了很多個「無」作為回報。

尼：非常貼切。全體是空。

問：我有個問題。一隻狗會知道它是一隻狗嗎，還是它只知道「我在」？

尼：是你叫它為「狗」，它不知道自己是狗。

問：狗在飢餓時有「我餓了」的感覺嗎，還是僅僅有飢餓的感覺？我問這個問題的是因爲，一位著名的瑜伽士說，大多數動物只有飢餓的感覺，它們沒有「我在」感。

尼：它當然知道自己存在，即使動物也是知道的，但它只把自己認作是身體。由於身體，它意識到自己是存在的，因此它總是試圖保護身體，就像鳥類、昆蟲以及人類一樣，它保護自己的身體以保持自己的「我在」。

問：修習禪定的人顯然能於內在達到更高的覺知層次。這些層次是否和三種主要狀態一樣眞實，還是說它們是心的產物？

尼：只需要了知那個「知」（knowingness）！你的存在感就像一臺答錄機或一部電影，這一切都已經被記錄下來，並在清醒狀態、睡眠狀態、禪定狀態或其他狀態下被投影出來，但無論哪種情況，其先決條件都是有了帶自我感的覺知。當你得到了這種「真我智慧」並住於寂靜中時，你會了悟到，整個宇宙都存在於這個如原子般精微的能知之力中。所有這些真知都還只是文字上的知識，而你必須去領悟，去真正證悟。目前你有關於那個存在感的文字知識，你被授予那些知識，但當你安住存在感時，你會了悟到一切都只是覺知的遊戲。當你了悟到一切早已被記錄在你的那個覺知中時，你將拋棄它。那種覺知是可以被拋棄的。

這個「我」充滿了欲望。與其滿足這些欲望，不如找出這個「我」是什麼。要看透欲望。世界上沒有什麼對我有任何的吸引力，如果有人帶黃金或鑽石來送我，我會叫他拿走。它們對我有什麼用呢？又不能當飯吃。對我來說，心中對上師的記憶是最珍貴的，我甚至都不在乎神通。為了得到那些神通，你還必須修習某些法門、遵循某些儀式、持守某些戒律。

問：若聖人不遵循這些儀式儀軌，就沒有神通嗎？

尼：智者不追求神通，因為他已經認出最精微的能知之力，那包含了一切。但是，即便能知之力中含有著重重力量、種種神力，智者還是拋棄了它。

問：馬哈拉吉是否在追隨著「九師傳承」？

尼：我順應一切的變化。

問：馬哈拉吉是否認爲自己在追隨他上師的腳步？

尼：他沒有腳步。他沒有腳。

再次找到羅摩

一九七九年九月二十一日

提問者：如果一切外在顯現都要被認作是幻覺，那麼外境與心念又有什麼區別呢？

尼薩迦達塔：它們只在世俗活動中才有區別，但其實是一樣的。

問：若一個人說他擺脫了念頭，說他可以離於心智、不再需要禪修，但如果他睜開雙眼，就依舊能看到幻覺。這算是擺脫了心念嗎？

尼：試試看，把「幻覺」這個詞拿掉，換成「梵」這個詞。你能改變的只是文字，僅此而已。

你去找智者尋求真知，但你在尋找怎樣的真知？又是誰在尋找呢？你所尋找的真知只是關於摩耶的，或者說是關於幻覺的，但你從未真正留意過，到底是誰在尋找真知。

問：聖人才能解答所有這些疑問，不管是世俗層面還是究竟層面上的問題，這就是爲什麼要把這樣的問題呈給聖人。

尼：你覺得你提出問題，聖人就能解決嗎？你是否是基於文字的內在含義來提問的？你提問時，是否站在真我的立場上來提問？

問：現在困擾我的是，離開這裡後要如何生活、如何行爲。我關心的是，身體既要活下去，又要面對各種活動，對此，心要如何自處。

尼：當心變得絕對純淨，它將看管一切。

問：這我明白，但正是等待淨化的發生讓我心有不安。

尼：只要命氣在流動，心就會流動。

問：我似乎來到了岔路口，這就是爲什麼……

尼：我只是在告訴你，這副身體、命氣、覺知是一體的，而你是超越它們的。你的頭腦會決定你回去後該做什麼。讓身體和頭腦順應它們的習性和所處的環境來工作，這是可以的，但要知道，你不是身心。

問：我在想，我是應該找一個熱帶島嶼，坐在樹下好好消化這些談話呢，還是應該回歸社會，繼續我之前的工作。

尼：你說你在等待淨化的發生，你是想要淨化你的身體或者淨化你的命氣嗎？

問：對。

尼：如果你認為我的這番話很愚蠢，可以不予理睬，做你喜歡的事情。我並不要求你聽我的話、遵循我的話。

問：我已經理解了馬哈拉吉一直在說的東西，他一直在用幾種不同的方式重申。我是明白的！

尼：除了「我在」的那種感覺，還有什麼存在嗎？一切都只是摩耶或是梵——你為什麼要擔心自己發現了這一點呢，以及擔心所有上述這些問題呢？若理解了這個「我在」的本質是什麼，你就完成了。由於種種概念，那個「我在」被束縛住了。

問：退到個人的層面上：我是否應該回去從事我來這之前所從事的工作？

尼：你說的那個人，是與身體、命氣有關，還是與「我在」有關？

問：身體。

尼：你，作為這三者的見證者，有啥好擔心的呢？它們可以工作上幾千年，你又擔心什麼呢？會有這樣的問題是因為，你正在煩惱當命氣離開身體時，身體會分解和腐爛。你在認同和掛念那個身體。

問：是的。

尼：身體腐爛時，你最親近的人，包括你的妻兒，也不會願意靠近。

問：對，確實如此。

尼：明白了之後，繼續做你的事。不必擔心。

據說，當羅摩從印度渡海到楞伽島時，猴子們幫了他不少忙。因此，他把天堂賜給了所有猴子，這些猴子現今也來到了西方，享受那裡的生活。他們在西方享受著羅摩賜予的物質化和天堂般的生活。那些為了去到天堂而做了很多懺悔的仙人們，如今也出生在那裡，並盡情地享樂著。現在他們已經享受夠了，開始來到這裡，以便再次找到羅摩。

你就是上帝

一九七九年九月二十二日

尼薩迦達塔：沒有哪位偉人出生後，可以在能知之力中帶來絲毫的改變。是怎樣，就是怎樣，永遠不會改變。你只需要知道和明白：特意地努力或是修習儀軌，都不是必需的。不知不覺中，這種「知」就已經出現在你身上，你不得不順應它，不管是願意還是不願意。

命運就擺在那裡，然後有人來經歷。只要還認同身心，就沒有人能夠改變他註定要經歷的命運。遭遇水災或火災、遭受損失或收益，你只需要接受，因為這是能知之力運作的結果。

提問者：昨天晚上我有一個有趣的經歷。我獨自坐在那裡，享用著我的晚餐，這時一個非常粗魯的人帶著他一家五口走了進來，霸占了我的桌子。同時他們還告訴我，說我不配占用桌子。我好想揍那個人啊！這種情況該怎麼做？

尼：你必須盡可能地克制自己。

問：難道是要讓身體自行約束自己？

尼：身體什麼也沒做。身體是由命氣和存在感來保護的。命氣負責驅動身體有所行動，而存在感則高高在上，看著一切發生。

問：是否有一種狀態，你感到存在，但卻與身體無關？

尼：你為何不穩穩地安住在那個存在感中呢？忘記身體的感覺，剩下的才是你，這就是超越位。

問：我有信心：我就是一切，僅此而已。但這種體會只是偶爾出現，而且時間很短。

尼：即使你見證了「一切都是你」，但這種見證仍然是五大元素的特徵，並不會持久。清醒狀態、深度睡眠狀態，以及這個超越位，所有這些都是暫時的狀態。

問：那什麼是永恆的？

尼：你從未忘記的那個「一」就是。永恆的狀態超越了記憶（清醒）和遺忘（深睡）的狀態。

問：怎麼證明呢？

尼：在那個階段，你想要證明的那個基底，不管它是什麼，就只剩下那個基底了。在那種狀態下，什麼都沒有。因此，哪裡還有證不證明的問題？誰又來證明呢？

問：我的意思是：在哪個階段，能確信證得了那種狀態？

尼：沒有別人，只有你。你要做的就是，試著認同上帝。但除非你在，否則上帝不可能存在。

問：我不相信上帝。

尼：如果你不相信有上帝，那你相信有身體嗎？誰在拒絕上帝？是誰？

問：我。

尼：那個「我」是什麼？

問：它只是一種感覺。

尼：你就是上帝。如果上帝不在，你就不在；如果上帝在，你就在。

問：基督說他和天父是一體，他指的「天父」其實是自在主，而不是最高的究竟實相，對嗎？

尼：其所作所為對整個存在負責，這樣的人就是「天父」。

問：基督指的「天父」不應該是有形的存在吧？

尼：對這個問題，我不太願意給出明確的答案。基督曾經存在過，但整個存在是由「食物之身」來維持的。基督是偉大的聖人，不必對他的祖先是誰、是什麼而刨根問底。你可以冥想他，用憶念他來使自己變得聖潔。在這個過程中你會被淨化，你將不會留下任何形態。

問：在西方傳統中，有許多聖者和賢人治好了各種病症。東方的聖人往往不參與醫治，這是為什麼呢？

尼：東方的聖人也有神力，也可以展示出奇蹟。往往在行醫的過程中，聖人的地位自然得到了提高，受到社會的高度尊重，但其結果可能是，他因而自滿。

問：但那裡並沒有一個「人」，所以沒人會感到自滿。

尼：不要糾纏在概念上，這會勒死你。很少有聖人能創造神跡而不自滿的。

問：聖人沒有我執，誰來自滿呢？

尼：外顯世界的所有活動，都是通過能知之力來進行的。你所設想的，是個有身體的聖者。這種「本然存在」包含在所有的五大元素中，但不是個體的，而是遍在的。如果你帶著「我是能知之力」的認知去入睡，這個想法將延續並貫穿到整個白天。「身體是空的」，要帶著對此的確信去入睡，而正是「我是身體」的想法帶來了痛苦。每天都要牢記，你不是身體，你只是覺知，是能知之力。你死後，你的身體會化為虛無，那麼為什麼不現在就認定它是空的呢？

問：但這是在添加更多的概念。

尼：我正在迫使你擺脫「我是身體」這個概念。為什麼你卻說我在添加概念？

問：說「我的身體是空的」，這是另一個概念。

尼：所有概念的根本核心是「我在」。

問：睡覺前憶想「我是虛空」，這是一種技巧。

尼：你最好還是走吧，去告訴大家你遇到了一個傻子，他本來要絞死你，但不知怎地你救了自己。我正在告訴你那個能知之力的本質，我想逐漸把你從所有的概念中釋放出來。僅僅通過說「一切都是概念」並不能使你自由，只是擺脫了一個個粗重的概念而依附到另一個更精微的概念上。懷揣著諸如「我是身體」這樣的粗重概念，就會繁殖出更多的概念：「我的身體病了」、「我必須吃藥」、「我必須看醫生」等等。假設你說：「我是虛空」，那你還能衍生出什麼更進一步的概念嗎？

我本想帶你去到那個「我在」的概念面前，讓你好好瞭解，它是幻覺的最後一個前哨，然後再把它拆毀。要去理解所有這些概念的本質。

問：我有個問題。先前馬哈拉吉說過，知覺力（attentiveness）總是存在的。那麼，知覺力是可以被感覺到的嗎？「感覺」似乎是先於「知覺」的。我們有一種潛在的感覺，就是總是知道我在。這是否等同於感知、見證？

尼：這種感覺和知覺力是一回事。當你意識到「我是一切的觀者，我是知者」時，那時僅僅是「在」，而沒有形狀。這種覺知是無形的，而當你開始擁抱形體時，問題才出現了。

你覺，故你在

一九七九年九月二十三日

尼薩迦達塔：對你們我無所求，我讓自己免費為你們服務。即便一個愚者理解並接受了我所說的，他也會得到解脫。為什麼能夠這樣呢？因為他具足對上師的信心、對上師珍貴教言的信心。只依靠智力的人，總是會像鐘擺一樣搖擺不定。請充分消化我告訴你的一切，讓他成為你自己的財富。任何修行法門或戒條、戒律都不是必需的，僅憑堅定的信心，你就能超越一切。

你有什麼本錢嗎？就只有那個「我在」。它是五大元素中食物精華的產物。首先你要成為這種覺知，然後你會了悟到自己就是這整個表象顯現。

這副身體是從粗重的大地、植物等創造出來的，是藏汙納垢之所，但如果抓牢上師的教言，這副身體就可以被正確地使用，用於覺悟。了悟真我的人，他的所在之地隨後會成為眾人的朝聖之地。就像賽巴巴（Sai Baba）一樣，大家去朝拜他的雕像，他們的祈願也得到了回應。那個雕像是什麼呢？只是石頭做的而已。

無論我上師說什麼，我都絕對遵循，有全然的信心，有了這種信心，我收穫了果實。

你必須有堅定的信心，即最高的神或神靈就是「我在」之知，但你必須從上師那裡聽聞這一教言。上師本人就是一位智者，是一個已經認識並超越了「我在」之知的人。

《薄伽梵歌》中說，我們有五種感官，它們都非常精微。比感官更精微的是心，比心更精微的是智力，而比這些更精微的是命氣。然而，還有更精微的，那是「他」，是「本然存在」，即「純淨我在」。

究竟實相與這些都不同，而你就是究竟實相。

提問者：我理解不了馬哈拉吉說的。

尼：你知道你坐在這裡——只專注於這一了知，只安住於你的存在感。那個「我在」之知已經創造了整個宇宙。緊緊抓住這一點，其他什麼都不用做。一旦你認識了這個本質，它就會變得平靜。去與它融為一體吧，你的一切需求都會自然得到滿足。

在任何階段都不要忘記「我在」之知，無論你在做什麼，注意力都應該安放在那裡。當你吃東西時，是誰在吃？只是存在感在吃。無論做什麼，都是存在感在做，要專注於那個存在感。

問：當我非常專注於正在翻譯的東西時，「我在」似乎消失了，沒有念頭升起。

尼：對此你感到開心嗎？

問：既沒有開心也沒有不開心。有的只是平靜和見證，沒有任何感覺。

尼：你明白了嗎，還是說只是在智力上，你在與自己搏鬥？

問：我沒有在搏鬥。

尼：你是否能安寧地自處？那是最終的衡量標準。

問：並非一直如此。有時一不留神，就會起煩惱。

尼：這樣說的是誰？

問：是事後才意識到的。就像昨天，很多情緒冒出來，一時之間我就被蒙蔽了。情緒升起時，我沒有意識到我不是那個人。

尼：情緒升起時，若你和情緒攪和在一起，就說明你沒有在觀照。

問：一個覺悟者在同樣情況下，也會攪和進去嗎，還是說他只是看著？

尼：無需攪和進去，因為你的存在感本就是一體的，它無需再次成為一體，或是成為其他什麼。但由於這個存在感認同了你的身心和情緒，煩惱就來了。要與那種覺知分開，保持距離，這樣一來，就不會陷入其中了。

問：在情緒爆發之後，爲什麼會有一種類似於得到了淨化的感覺？

尼：那是心的一種暫時狀態。這種狀態消失後，你就會回歸到你自然的平靜狀態。

瑜伽士有一個訣竅，借助這種訣竅他們能暫時擺脫痛苦和快樂。他們能持住命氣不動，但問題並沒有真正得到解決，那仍舊只是一種狀態。

你擁有各種感官，它有諸多功能。你必須瞭解每一種感官的功能，並正確地使用。沒必要揚言說什麼你不打算使用感官，不要荒廢它的功能。要去充分地使用，因為只有借助它你才能活下去。但你必須明白，你並沒有參與其中，你只是一個旁觀者。

如果你想成為國王，你就必須擁有自己的臣民、軍隊和政府。同樣，若要成為一位智者，你也需要這些幫手，並要瞭解它們；只有這樣，你才可以好好統治。

問：這三種狀態：見證、遍在之覺（Iswara consciousness）和究竟實相，它們是同時出現的嗎？

尼：實際情況就是這樣。你如今覺得自己是這副身體——放棄這個想法吧！「我就是這整個顯現」——安住在這裡。你就是顯化之神（Manifest Bhagavan），即遍在之體（Iswara principle）。
這是一種很簡單的禪修。你在不停地抓，抓個不停，都被你抓到破皮流血了——這是理智上的抗拒、角力。只要靜下來，讓頭腦安定下來。不要再攪些問題出來了。

我一直說得非常明白、非常直接。我一直在告訴你，你不是身體，你只是覺知。這種命氣是你的載運工具，是你用來進行活動的交通工具，而「我在」之知是非常精微的。因為你覺，故你在、世界在。

我開始覺得，將來我必須規定：「付一千盧比才能來聽我講話」。只有這樣，你才會認真起來。我應該收你一千盧比，並在一天之內講完整個課程，否則，即便你在這裡待上一個月又有什麼用呢？當你需要付費才能前來的時候，對你來說，這樣的機會才是彌足珍貴的。

問：在過去，人們曾經爲得到這種眞知捐出過整個王國。

尼：當時有很多的戒律，修行人不得不住在森林裡，以漿果和水果為生。他們還不能儲存食物。這就是當時的條件。

成為愛本身

一九七九年九月二十五日

提問者：我很難說服自己，讓自己相信我就是「我在」，內心總是隱隱覺得，我應該是超越它的。那麼，對於我的這種情況，我要如何才能全然地安住於「我在」呢？

尼薩迦達塔：不要只停留在文字上。這就像一顆已經種下的種子，在發芽之前你必須每天澆水，持續三個月。你聽到的內容，要去好好沉澱，讓它徹底被吸收和消化，否則就都是些文字上的知識。這是需要注意的。

你是從某個道場來的？

問：是的。

尼：你對你的上師有信心嗎？

問：是的，我對他有信心。

尼：那為什麼還要離開上師，像這樣四處亂逛呢？你應該只去找他。

問：我仍然不滿足。我對上師的教導私下還有很多疑惑，持有保留意見。

尼：如果你有疑義，那最好離開他。要不就徹底地交出自己，交出懷疑和執念、所有一切。如果你已經認定了一位上師，篤定的信心和徹底的臣服是非常必要的。侍奉上師就意味著，凡是他的指示，都要好好遵循。你必須消化這些教言，並與之融為一體。

在皈依任何上師之前，可以自由地去任何地方，成為自由的求道者——去任何地方都是可以的，參加靈性的開示，做你喜歡的事情。但一旦你接受了一位上師，就必須完全地臣服。

不要以為上師是某個人，事實並非如此。上師就是那個「本然存在」，而「本然存在」就相當於整個表象顯現。整個世界都是「本然存在」，那就是上師。

問：如果一個人已經有一位上師，但這位上師不再以人形化現於世，這能行嗎？馬哈拉吉說過，如果一個人已經皈依了上師，就不應該再四處參訪。

尼：假如那位真正的「上師」不存在，你又怎麼可能體驗到這個世界呢？認識到這種「本然存在」並超越它的人，就是自性上師。否則，有些所謂的上師只是像個貨商一樣，在販賣靈性商品而已。

問：當馬哈拉吉在究竟的層次上言說時，我與馬哈拉吉是等同的、是平等的嗎？

尼：我們是一體的。當然，要信守上師的教言，但不要只癡迷於那些高妙的觀點。我的上師給了不同的弟子同樣的真知，但每位弟子表現出來的行為卻各不相同。每個人對上師所說的話都有不同的理解，而有些人卻糾纏在了自己最喜歡的那些個人觀點上。

試著去領會「我在」的意義。你刨得越深，就越能發現寶藏。不要輕視自己。你不是一個男人或一個女人；你是那個本質，一切都是從那裡展現出來的。

問：昨天我斷斷續續地處在這種「我在」的狀態中，後來竟眞的在精神視野中挖出了寶石。它們是如此透徹，閃耀著深琥珀色的光芒，非常美麗。

尼：它們是智慧的寶石，從智慧中迸射而出的寶石。它們的光芒照耀誰身上，誰就會得到解脫，所以彌足珍貴。不論我向你指明了你是什麼，你仍然緊抓著身體、抱著死亡不放。

問：馬哈拉吉說的「照耀他人」是什麼意思？

尼：太陽是否會問「我的光芒照到別人身上了嗎」這樣的問題？你確認自己是誰了嗎？

問：我發現，要認為「我就是太陽」這太難了。

尼：要脫離概念。要堅信：你不是身體。

問：如何培養對他人的關愛？

尼：不要試圖去愛人，要成為愛本身。當你就是愛，這種愛將使全人類受益。就像水一樣，如果你是水，萬物都能得以生長。

問：基督說，我們應該像愛自己一樣愛別人。

尼：一切都是你的真我，僅此而已。所有這一切都是你的愛的表達。同樣的話我不會一次又一次地反覆強調。你要主動去消化。

回到源頭，站在你原來的位置

一九七九年九月二十六日

提問者：我今早有一個體驗。醒來後禪坐了四十分鐘，腦袋裡產生了某種振動，除了感到喜悅之外，沒有別的；沒有出現什麼畫面。我是中心，我有一種「我—我」的感覺，一個我在另一個我之上。當我開始返回到二元之後，我聽到了鈸聲，馬哈拉吉出現在眼前，跳著舞，敲打著鈸[54]。我對他說：「我們是在森林深處，您還要這樣一直敲下去嗎？」他繼續敲擊著、舞蹈著，但卻不再發出任何聲響。

尼薩迦達塔：有了這個體驗後，你想問些什麼嗎？

問：沒什麼問題了。

尼：各種體驗都是在存在感的基礎上產生的，而後，體驗又會消融在那種明覺之中。

問：有「我在」這種體驗，但在它之上還有一種感覺——是一種被吸引著想要超越「我在」去到其背後的感覺。

尼：既然太陽能夠進入它自己的光芒，那麼你就能去到你存在感的背後。你是知道「我在」的那個。所有這些體驗都是從你的「本然存在」中流出來的。從這些體驗中，既無所得，也無損失——它們影響不到真正的你。當那「本然存在」真誠地想要回到源頭的時候，它就會走上靈性之路，但只要還殘留著對身體的認同，它就會失敗。

你們所有人都想要好的體驗，但它們是沒法讓你滿足的。假若能知之力急切無比地想要知道真我，它會拋開一切，直奔目標。這是我自己的經歷。

成百上千的本地人和外國人都來過這裡。他們成為了我的弟子，然後又離開了。我沒有邀請他們中的任何一位到來，是他們自己靈魂的飢渴把他們帶到了這裡。

出於我自己靈魂中的飢渴和熱切，我認知了自己的真我，以至於至尊黑天的見地成為了我自己的見地——這種「黑天之覺」也正是我自己的真我，但我卻不在其中。一切都在我之內，在

54 尼薩迦達塔的傳承的拜讚儀式包含歌唱、跳舞和敲打樂器。敲鈸是拜讚儀式的高潮。鈸是兩個圓形金屬片，兩片相擊作聲。

我這裡休歇。

究竟實相就是超梵。從這個圓滿的實相中產生了「能知虛空」，也就是一股想要存在的渴望。從那裡，物質空間、整個表象顯現，在幾分之一秒的時間內閃現而出。在熟睡中，什麼都沒有，然後有了最細微的「我想醒過來」的感覺，隨後，整個顯現在一剎那間展現出來。表象顯現在無相的「那個」之上，於是開始有了運動，但見證這一切的，是究竟實相。

你所擁有的各種體驗，給你帶來了些什麼嗎？你會試圖去瞭解那個覺知中心嗎？我們把發生在你身上的覺受稱為「淨觀」（vision），這種淨觀總是在視覺層面的。

問：我第一次有這種體驗時，我意識到了作爲見證者的一面。當我體會到「我－我」之感時，我問自己，它是對誰而來的，於是它就消失了。

尼：這一感覺是暫時的，還是你整天都處在其中？

問：我現在就在其中。今早上的那種感覺一直延續著，似乎有了某種東西在我之內拉著我，同時給了我一種向外抽離的感覺。現在，對我來說非常容易進入「我在」。很明確的，有一種感覺，會籠罩頭部和胸部，「我」可以很快就消失。

尼：你現在是清醒的，能看到這個世界——「你是清醒的」以及「看到了這個世界」，這正被見證著。其實這多麼簡單啊：在清醒的狀態下，我們是某某，但這個清醒狀態是被見證著的。當這個清醒狀態進入睡眠狀態時，這種有見證作用的覺性仍然存在。而你，是這些狀態背後的光。黑天把這種真知教給了阿周那，而在一旁聽到了的人把這些真知記錄了下來——所以，世代相傳的，是一個第三者記錄下來的二手知識。

不管是吠檀多學家還是小說家，他們寫下來的東西都是他們自己概念的產物。小說家寫的是自己頭腦中想像出來的事情，其中絕大部分都是垃圾，是一堆破爛，根本就不值得寫出來。心裡的汙垢，全被他都抖落了出來。在清醒狀態下，凡是你內心隱藏的東西，都會在你的那種覺受狀態中顯露出來。

問：您的意思是，現在這是一個淨化的過程正在進行著，會有更多的汙垢冒出來？

尼：你不是身體。無論來來去去的是什麼，都只是頭腦或覺知的投射。

問：如果現在這些汙垢就有可能冒出來，我應該擔心嗎？

尼：你所聽到的一切，每一個知識、你生命中的每一件事，哪怕你認為自己早已忘記，那個能知之力都將其記錄了下來。每一秒鐘，能知之力都在記錄著你正在經歷的事情，所有的五種感官都在不停地打字記錄著。你可以越走越遠，進入越來越深的水域，一直思索著，但其實，你應該折返回去，轉過身，回到源頭。好好思考這一點：你是從哪裡來的？回到源頭，站在你原來的位置。

親愛的，你已經明白了一切，現在，要運用它。在真我中站穩了，然後走吧。

最自然的狀態

一九七九年九月二十七日

尼薩迦達塔：當我覺得訪客已經聽聞了足夠多的真知，可以繼續獨立去探索時，我會叫他們離開。你已經讓這一真知沉入內心之中，但這種領悟接下來還需要的是徹底的沉澱。要做到這個，可以去找一個道場，在印度還是有幾個不錯的道場的。

提問者：心的島嶼才是我唯一想去的道場。

尼：這個目標你已經實現了，所以你沒必要繼續待在這裡。你已經擁有了那個島嶼。我以非常簡單的方式，用幾句話就告訴了你真相、告訴了你你應該信受什麼，如果你真的努力去消化它們，到此就結束了。對新來者來說，我這裡太小了，都容納不下他們。

問：假若有人是出於虔敬心想繼續留下來呢？

尼：只要我們這裡還有空間，就可以。一旦你抓住了那個掩藏在各種偽裝之下運作的本體，幻覺就結束了。這個基底，這個能知之力，你會在一條蛇身上看到，會在一頭水牛身上看到，也會在其他東西上看到。一旦你抓住了這個準則，你就領悟了。

我們只需要關心這個——眼光不要只盯在聖人們身上，要只關心這個本體。找出這個本體！不要被文字上的知識所迷惑。要消化我告訴你的內容，去到那個源頭。

問：主動成爲一個旁觀者，靜靜地觀察著正在發生的一切，這確實需要集中注意力，而且這本身會影響到大腦，從而過了一段時間後就會感到疲倦。我禪修時，同樣無法在「我在」的階段安住超過三十或四十分鐘。然後，大腦似乎震動了起來，我不得不回歸到正常的狀態。這種情況會好轉嗎，或者可以採取什麼措施來減輕大腦的壓力？

尼：你何必糾纏於此呢？你知道你坐在這裡，我知道你坐在這裡。誰見證了這一點？

問：「我在」。

尼：「知」正坐著，誰見證了「坐」？我知道你坐在這裡，你也知道你坐著。「它」是完全敞開的，但同時也是非常神祕的。不需要特別付出什麼努力去見證，只需要處於放鬆的狀態。之前你其實只是在頭腦的層次上研究頭腦的運動。

問：是的，這就是我正在做的。

尼：你這是在練習「見證」，而不是成為「見證者」本身。其實不需要特別努力，它只是發生了。至於需不需要集中注意力：這就像一個人跑遍了大街小巷，試圖給孟買政府拍上一張照片，這能成功嗎？你拍得到政府的照片嗎？

問：很難感知一切。

尼：這同一個政府還可以給你戴上手銬。

問：但爲什麼禪坐中我安靜下來後，會有一種感覺，覺得大腦中有一些活動和某種壓力？

尼：那個在禪修並安靜下來的「你」，請描述一下。你為什麼要這樣修行呢？放棄吧。只需要在你自然的狀態下放鬆就可以了，那是最高的狀態。較低層次的狀態才是專注和禪修。

不要陷入任何事情，安住「我在」的覺知中，不要再糾纏在智力的狂歡上。

能知之力在指引能知之力，並闡述了真知，但你卻沒有安住在那裡，因為你認同這個身體。「我在」之知只是向「我在」闡述了關於自己的知識。別人並不存在，「你」和「我」指的都只是身體。所以我們要保持安靜，因為在那裡並沒有人。

坐在前排的都很安靜。

問：要讓心得到淨化，該做些什麼？

尼：持誦已傳授給你的咒語，這樣心就會得到淨化。

問：咒語應該與吸氣和呼氣配合著一起唸，對嗎？

尼：對，是有節奏的。同樣是一直在吸氣、呼氣，但要把呼吸和咒語結合起來，就是這樣。

你們坐在這裡，我也講了一段時間，然後我告訴你們「你們可以走了」，就像一位母親照顧了孩子一段時間後，就會讓孩子去外面闖蕩。並不是說母親不想要這個孩子，她愛這個孩子。上師向弟子傳授真知，將其從對身心的認同中引領出來，然後再要求他自己照顧好自己。

這個存在感（beingness）是「不存在」（no-beingness）的孩子，這個「不存在」也就是究竟實相。

當存在感理解了自己、理解了存在本身，它就達到了「不存在」的狀態。然後，它再也不關心還有什麼會發生在這個存在感之上。首先，你擺脫這個世界，然後你要擺脫存在感。

實際上，這是最自然的狀態，但我們卻依附於身體，從而有了所有的煩惱。若體驗不到身體，就沒有欲望或需求，但當你認為你是身體時，你就會想要滿足你的欲望，並認為只有這樣才能獲得安寧。只要還認同身體，就不會有安寧。

問：如果一個人的職業是作家，是誰在寫作？

尼：是那個化學要素，是「我在」這一覺知。這些都是覺知的遊戲。

問：馬哈拉吉說過，時機成熟，頭腦中就會發生爆炸，讓人直接體驗到純粹的存在。馬哈拉吉能詳細解釋一下嗎？

尼：那是通向真實的大門打開了。在斬斷了繩索之後，他破開了殼。普通人家裡通常會有一個陶罐，用來盛放酪乳和酥油。這個罐子就是外殼，用繩子掛在天花板上。他推開門後，切斷了繩子（枷鎖），打破了殼（身體），扔掉了酪乳，吞下了酥油（精華），酥油即是「我在」

之覺。之後還有什麼呢？既沒有「我」，也沒有「你」。

問：馬哈拉吉還說，有一個事件能觸發這個機制，必須辨認出來，否則就會溜走，若是這樣，就只能等待下一次機會。

尼：不必擔心爆炸前的那個事件，不用擔心任何事情。你的擔心源自頭腦，你只需要帶著信心繼續安住在那個「我在」裡，無所作為。如果試圖使用頭腦，就很可能會錯過。順其自然吧。堅守住「我在」感，不要因為執著身體的感覺而汙染了這種狀態。

問：馬哈拉吉說過，一個人如果沉浸在所需訊息的源頭上，所有訊息都會從中自然流淌而出。這是怎麼做到的？

尼：是化學要素的作用。

問：有辦法可以加強這種趨勢嗎？

尼：你來這裡就是在加強它。

命運就像電影膠卷

一九七九年十月二日

提問者：那個「見證者」是什麼？就是頭腦嗎，或是超越頭腦的某種東西？

尼薩迦達塔：它是頭腦的「知者」。

問：如果我說「我在」，是頭腦在說嗎？

尼：是「本然存在」通過頭腦來表達，說出了「我在」。

問：在佛里曼先生[55]翻譯的書中，使用了「命運」（destiny）和「決斷」（justice）這兩個詞。它們等同於業力嗎？

尼：「決斷」意味著做出抉擇，而「命運」是一個倉庫，所有這些表象顯現都是從那個倉庫裡流出來的。命運就像電影膠卷，是個基底，而你從其中顯影了出來。能知之力本就存在於將

55 摩里斯·佛里曼（Morris Frydman）於一九七三年翻譯並出版了尼薩迦達塔·馬哈拉吉的首本對話錄《我是那》（*I Am That*），在西方引起了巨大的回響。

你顯發出來的那個源頭中，所以說，就像是正在放映的電影——要放映的內容已經被記錄了下來；要發生的任何活動都是透過那個「本然存在」，也就是你自己而發生的，這就是你的「命運」。這個存在感將採取的每一個行動或每一步，都已經記錄在電影裡了。

問：是否像一些占星家所說的那樣，星曜組合可以顯示出這張底片（命運）？

尼：這種話毫無證據。在你出生前九個月，命運就被創造了。

問：由誰創造的？

尼：沒有人，它只是發生了。

問：底片在命運開始之前就存在了。底片是印在什麼上的？

尼：印在原初幻覺上，其功能就是記錄下命運。

問：有些人相信種瓜得瓜，種豆得豆，所以在他們播種之前的某處，底片的整個結構就已經存在了。

尼：那只是道聽塗說，你有證據嗎？

問：沒有。

尼：「原初幻覺」是幻相的主要源頭。從那裡開始，有了對自己的愛，也就是對「我在」的貪愛，一種想要繼續存在下去的意願。其展現出來的，就是所有這一切的外在顯現。

問：爲什麼有些人比其他人更愛這個假我？

尼：不存在一個人比另一個人愛得更多的問題。愛的狀態既然存在，你就必須享受它或從中受苦。即便受苦，我們還是愛著自身的存在。

問：練習見證，是有意識地在練習嗎？

尼：你說的「練習見證」是什麼意思？你這樣做的話，就是在加強自己的存在感。見證會自動發生，但要敞開自己。在見證之前，你已存在。

問：馬哈拉吉說要安靜下來，但我的生活方式讓我很難安靜下來，我工作壓力很大、活動很多。馬哈拉吉覺得我該換個工作嗎？

尼：我不會告訴你該做這個或那個。做你喜歡的事情，只是要知道，你不是做者，事情只是發生了而已。命運在受孕的第一天就已經形成，它正在自行展開。沒有任何事情你可以聲稱是你做的。一旦你知道你是誰，這個命運就束縛不住你了。

問：將死之人要怎麼做才能明白自己是沒有身體的？

尼：什麼都沒有發生，沒有人死去。經文中說，那些帶著放不下的執念而死去的人，將會轉世重生。

問：他們重生時，他們可以選擇投胎在不同的身體，比如可以選擇進入家庭甲或家庭乙？

尼：你為什麼要為這些無關緊要的事情而煩惱呢？要專注於說服自己，你不是這副身體。這副身體是由五大元素組成的，實際上是一個食物所成之身，而你並非其中的哪一部分。你與這個「食物之身」沒有任何關係。體力、呼吸、存在感，都依賴食物和水。沒有食物和水，「我在」就不存在。

問：那麼「我在」是否又會有轉世呢？

尼：你不是這些東西。不存在轉不轉世的問題。

問：似乎空氣中懸浮著一種叫做「食物」的東西，可以用它做出一副身體。如果有錯誤的觀念，就會落入那個「食物之身」中。實際上在我看來，教導中隱含的意思是，眞的沒有「食物」和「食物之身」這樣的東西，那只是一堆概念。

尼：你現在是從哪個層面來談的？你如何理解身體是不存在的，是頭腦想像出來的嗎？

問：我是看了馬哈拉吉在書裡的說法，從而得出了這樣的結論。

尼：你證悟了嗎？

問：如果我已經證悟，那我就是一個智者了。

尼：的確如此。在那之前，每副身體都是以同樣的方式出生的。

問：對我們來說，現在的情況是，我們有了「有個身體」這樣的概念，我們是否應該接受這個概念，而不是創造出另一個「沒有身體」的概念？

尼：到源頭去。是誰知道有一個身體？在身體被創造出來之前，就有一些東西了。

問：我們在這方面所做的所有努力，是否對破壞「我在」感起了作用，或者這也是電影的一部分？所以，人會認為他為達到目標所做的努力都沒有效果，那也只是包含在那部電影裡，這樣講對嗎？

尼：要安住在那個源頭，它是覺知背後的光。你不是覺知，要明白這一點。正在發生的事情都記錄在那個「原初幻覺」中了。

錄音帶記錄下我說過的話，但不管錄音帶記錄了什麼，那些都不是我。錄音帶記錄下來並播放出來的，不可能是原聲，同樣地，你也不是那個化學要素、身體、「我在」，也非能知之力。

問：證悟本身也記錄在電影裡了嗎？

尼：它不可能在電影裡，因為你才是電影的「知者」。現在去思考你所聽到的一切吧，五點鐘再來。

那個頭腦只是顯化出來的各種心念的積累。你所有的活動都取決於頭腦，而頭腦又取決於你所有的記憶、取決於你在世間聽到的不管什麼知識。

這個世界上發生的任何事情，我們都吸納了進來，並且從個人的立場看待它們、把我們自己的概念放置在這些事情上。因為這個身心和覺知吸納了世界上發生的一切，所以我們繼續把「我在」這一覺知歸功於前世、此生、業力等等。你接受某些東西是好的、是功德，而拒絕其他壞的、罪業的東西，但這些都只是你在世間獲得的概念，是沒有依據的分別揀擇。

問：昨天馬哈拉吉談到了脈輪（身體裡的能量中心），以及梵穴。我想知道，我們在禪修中是否應該關注它們。

尼：忘掉脈輪！把握住「我在」之知，並與之融為一體，這就是禪修。

問：誰來把握「我在」呢？

尼：誰在問這個問題？

問：我們是否能夠超越我們的念頭，或者說，在究竟實相中，心念只是電影的一部分，如果是這樣的話，我們是否只能默默容忍？

尼：誰想要超越念頭？是誰？覺知出現在清醒狀態下，在此之前的，就是究竟實相；覺知一出現，心念也出現了。你不必容忍它們，也不必拋棄它們，只需要了知它們。

問：造就了我們稱之為「原初」的那些其他的東西——那些東西是不存在的嗎？

尼：但這只有在你達到了那個原初狀態，當你是智者的時候，才是如此。

問：我們已經是「那個」了。

尼：如果你真的瞭解它，就不會問問題，你也不會在這裡了。

五大元素中的一場戲

一九七九年十月三日

提問者：馬哈拉吉昨天提到電影，我在想，當我們參問「我是誰」時，答案是否就是：這全是一場電影，一切都只發生在電影中。也就是說，「我是誰」和「誰在做這個」這兩個問題，在電影裡面是彼此關聯、分不開的。這樣說對嗎？

尼薩迦達塔：自從存在感出現在你身上後，靠著這種存在感所做的任何事情，完全是五大元素透過你、透過你從元素中得到的「我在」之知而作用的結果。「我在」是先於「知道『我在』」的這種覺知的，但此刻靠著這種「我在」之知在工作的，是你強加給自己的個體感，是由來自於五大元素的食物精華所造成的。只有當你保持絕對的寂靜，將自己穩定在「我在」之知上，種種世俗活動所導致的那種個體感，才會與「我在」分離開來。你必須先安住在那裡。

問：見證者也是電影的一部分，其實是電影的一部分在見證著電影的另一部分，對嗎？

尼：當你醒來、當「我在」一出現在你身上時，這就是見證者。但在那一刻之後，整個顯現都來到了「我在」的視野之內，它見證了整個顯現。

深睡無夢之後，一旦「我在」的覺知出現在你之上，那就是見證。在那一刻之前，你不知道你在，沒有見證，沒有「我在」之知。

一旦覺知出現在你身上，你就得到了「你在」的證據。但一旦收到了證據，那個覺知就會占據身體；一旦那個「我在」抓住了身體，它就必須透過顯化出來的這個身體之上出現的想法、無論什麼想法來行動。我們稱此為習性，或頭腦。

問：「我在」是首要概念，對嗎？真正在做見證的是什麼？或者說，「我在」只是見證的某個層面，還有非個體性的見證？

尼：覺知，要是分成對你、對我的話，那就是在個體身體的層面：我說我有覺知，你說你有覺知；所以，在這種覺知之外，還有一個更基礎的，這個基礎知道到有了這個覺知。

問：所以那是原初狀態，是它見證了覺知，但它並非是個體性的。在原初狀態下，馬哈拉吉說過，見證是不需要努力的，它會自行發生。

尼：不管什麼，都是覺知，而覺知是我們全部的「本錢」。一旦這個覺知不跟任何東西攪和在一起，你就會自動達到原初的狀態。但如果你想知道那個狀態是什麼，還是需要用到這種覺知的。因為，若想要知道你的原初狀態到底是什麼，你必須領悟，你必須放棄對身體的這種自我認同，並確信你是沒有形狀和名字的——這就是所要做的一切。

只要你還認同身心，你就是局限的。一旦你無有局限地穩定在「我在」之知中，你就是那顯化的「純淨我在」，不再是一個個體。在「純淨我在」的顯化狀態中，不存在你做了什麼的問題，因為你不再是一個個體了——無論發生什麼，都發生在你的能知之力中；無論通過這個能知之力發生了什麼，你也知道那是會發生的，但不存在「做」或「該怎麼做」的問題。

因為雨水，不管好的或壞的東西都能生長。但是，壞東西得以生長，不該歸咎雨水；好東西得以生長，也不能歸功於雨水。對雨水來說，它會有轉世或重生的問題嗎？對雨水來說，罪業和功德在哪？

問：若「我」和「我在」與語言文字分離，就不再是我們所認為的那個「我」了，對嗎？

尼：在你給萬物安上名字之前，你是知道你在的。在那個階段，所有一切都是你的真我，包括土壤、太陽和月亮。那些都是真我，所有的一切都是你的展現，但真正的你，仍然超越了這個。

現在更進一步。能知之力相當於這整個世界、這個表象顯現，它就是「純淨我在」，是「本然存在」。能知之力擁有所有的顏色，它是充盈的、豐盛的、無限的。而我，究竟實相，不是地、水、火、風，也不是空間。我不受染汙，也不為所困。但如果我們只把「我」看作是能知之力，是「純淨我在」，是「本然存在」，那麼所有這些表象顯現就都是我自己，並且在這個顯化的「純淨我在」中，我也不被任何的罪業或功德所影響。

問：我想知道爲什麼受孕的時刻比其他時刻更重要，更能決定一個人的命運。

尼：受孕是在不知不覺中、在自發的情況下發生的，在那一刻，除了當時周遭世界的形勢外，父母的照片也被拍攝了下來。

問：藏傳佛教認爲，也許到了受孕後的第三或第四個月，靈魂才會進入子宮。

尼：子宮是什麼？

問：這不是我的想法，我只是在覆述別人的觀點。

尼：這整個顯現的世界，都由五大元素構成。我們在五大元素中、我們是五大元素的一部分，所有這場戲都是在五大元素中上演的。

問：五大元素是何時誕生的？

尼：在那一刻，還沒有時間。

問：完全沒轍了！

尼：完全沒轍。

問：要麼是在時間內，要麼是在時間外，又是誰構建出了五大元素呢？

尼：是那個首要概念，即原初幻覺。又是誰構建出了所有這些房子和建築呢？源於心，源於概念。

實相永恆，幻相無常

一九七九年十月五日

提問者：人與人之間的情誼，只取決於某一方，還是取決於雙方？

尼薩迦達塔：取決於雙方。但完全是由於認同了身體，你才覺得有兩個人。

問：花朵與花朵之間也有情誼嗎？

尼：它們裡面也有五大元素的精華，那種對存在的了知就是五大元素的精華。如果你給它們澆水，它們就會喜悅，會開花；如果你不給它們澆水，它們就會不開心，會生氣。但我們可以說話，而它們卻沒有說話的能力。

問：我想知道語言的意義。爲什麼我們能說話，而花朵卻不能？

尼：即便它們之間在交談，你也不會知道。

問：那語言存在的意義是什麼呢？

尼：語言製造出混亂，但無論語言意義為何，都只是一時的，其中沒有什麼意義能夠永存。

問：小孩子就不會説話。

尼：這就是為什麼他們的行為比你純真。

問：相比於與兒童的那種關係，我們與成年人的關係非常不一樣。

尼：因為孩子們是如此的天真無邪。不管是誰家的小孩，都可以和他們打成一片。

問：很可悲的是，他們首先要學會説話，然後再學會不説話。

尼：學習説話也是為了孩子將來能夠幸福。培養小孩就像用黃金打造金飾一樣，有時，打造出一塊金飾的手工費用比金子本身的價值還高。

問：我對藝術家很感興趣。我想知道，藝術創作的靈感是怎麼迸發出來的？

尼：是偉大的「我在」之知這一特性在創作。

問：一個人若是尚未從身心的概念中解放出來，還能成爲藝術家嗎？

尼：人被束縛在身體裡，這有助於成為藝術家。身體支撐著那種存在感。當存在感被植入的那一刻，這副身體的成形也就開啟了——世界是為它而創造的。在子宮裡，那個「知」（knowingness）對它自己的存在一無所知，那時，「我在」不存在，但「我在」這一特質是從那時開始萌生的。所有事情都是在不知不覺中發生的，但即便只是要理解這一點，也非常困難。這超越了我們的理解範圍。

問：人是否會變成「虛無」（nothing）？

尼：在你的虛無中，你是完美的，你是圓滿的；在你的「知」中，你卻是不完美的。

問：那麼，我們應該放棄自我，對嗎？

尼：只是要明白，根本就沒有自我。要了悟到，你從來都未曾做過什麼。認同身心，就會變得孤立，變得與誰都不是一體的；而若你是「純淨我在」，你就是一切。為了幫助你們理解，才提出了諸如「原質」和「原人」的概念，但實際上這些概念並不存在。即使這樣的概念也製造了陷阱，第一個陷阱就是那種想要存在的意願。

問：究竟實相的永恆是一種相對存在的永恆嗎？

尼：實相是永恆的，而幻相是無常的。

問：實相是否一直以來都沒有變化，就是純粹的永恆實相？

尼：實相一直在。當我們談論實相與幻相的共存時，不存在時間的問題。實相不受時間的限制，而在幻相之外，也沒有所謂的時間。但你不能因為時間在那裡根本就不存在，從而認為實相之中完全不能有幻相。這整個幻相誕生了連十萬分之一秒都不到，而科學家卻說這個世界有幾十億年的歷史。

問：我們把實相想像成是海洋，起伏的波浪雖然算不上是海洋，但仍然是存在的。波浪才是導致問題的原因。

尼：你們不要把實相看成是客體對象——海洋也好，這副身體也好，都是幻相，是客體，必須自己去領悟。如果潛入大海深處，波浪又在哪裡呢？從海裡出來，才有波浪。沒有快樂或痛苦的感覺、沒有「我在」的感覺，就處在無相的狀態。退回去，回到念頭之前。

誰得到了解脫，誰被束縛？

一九七九年十月六日

提問者：要怎麼知道電影膠卷的第一幀是什麼時候開始的？

尼薩迦達塔：第一幀開始於那個「知」出現在你身上的時候。就是那個「我在」之知，一切都被包含在其中了。

問：但我的意思是，我們出生了，然後我們死去。我想知道，我們現在是否有輪迴的記憶？

尼：根據你自己的認知，這個「知」是最先出現在你身上的呢，還是後面才出現的？

問：對我來說，它是最先出現的。

尼：這就得了，你只需要確認這點就行了。把你聽到或讀到的東西都扔掉，只告訴我你親身體驗的東西。

有一個人說他在過去的十一世中都認識我。我告訴他：「這是你自己的想法。我不認識你。」任何事情我都信不過，除非我自己體驗過。

問：到處都有暴力、戰爭和各種災難。我們渴望遠離它們，但同時我們又與之是一體的。

尼：沒有人成功地改變過那個摩耶。只是看著，不接受也不拒絕。只有當你安住於你的真我中時，才能找到解決辦法。去探究一下，你是怎麼就存在了呢？

問：我是由父母創造的。

尼：在那部電影裡，只有當電影本身開始知道它自己、知道「我在」時，然後，你才知道其他一切的。在那之前，你知道什麼嗎？

問：什麼都不知道。

尼：完全正確。你必須領悟這一點，把你的問題指向「我是誰」和「我是什麼」上。

有一個人，他有每天早上五點鐘喝茶的習慣，但不幸的是，他在三點時就過世了，生命力離開了身體。如此一來，那具死屍還能在五點時喝到茶嗎？你不願意碰觸那些你真正應該思考的領域，但你卻想要知道其他領域的一切，而那一切只是過眼雲煙。

問：爲了獲得這種眞知，我們不應該有所改變嗎？

尼：會改變的，都不是你。會改變的，是你的頭腦、你的智力和你的身體。當你來這裡聽講的時候，你會受到啟發，並去深入地思考，隨後，你的習性自然就會轉變。聆聽是最重要的，通過聆聽這些智慧的話語，頭腦會逐漸發生轉變。

那個「我在」之知，是因為愛而生，但幻覺牢牢占據了它，使得「純淨我在」這種愛退藏到了背後——要保持純淨的「我在」已經變得越來越困難。在無有顯現之時，這種愛是圓滿的。

問：「我在」與「知」是相同的嗎？

尼：是的，但「我在」只有在還有燃料的情況下才會存在。

問：究竟而言，燃料一定是愛吧。

尼：是的。這種愛是無所不在的。這些花朵是我的愛的一種表達。花朵的綻放並非是「個體之愛」的表達，而是「遍在之愛」的表達。

問：這場造化是如何開始運作的？

尼：沒有理由，沒有原因，沒有目的。它是自動發生的。

問：摩耶開始於最初的一「動」嗎？或者開始於身形被創造出來的那個時刻？

尼：一切都包含在能知之力中，整場大戲。

問：甚至是幻覺本身的出現嗎？

尼：是的，一切都是幻覺。你相信自己出生了，這就是一種幻覺。

問：誰是幻覺的受害者，誰將從中解脫？

尼：知道「你在」的這種覺知，就是受害者，它將獲得解脫。農夫播下種子，收穫了莊稼。他自己創造，他自己享受；幻覺、摩耶或梵，都是你自己的名字。誰得到了解脫，誰被束縛？只是你。

滿足感

一九七九年十月九日

提問者：我禪坐時很少有心念活動，只有一種覺（awareness）在，是一種心非常平靜的狀態。這種狀態能通向「純淨我在」嗎，還是說它只是覺知中的某種狀態？

尼薩迦達塔：當你的存在感休歇下來的時候，就會有這種平靜。正如你來到了印度，但卻並沒有忘記自己是一個澳洲人，同樣地，你也不應該忘記自己到底是什麼。對此，你確信你是什麼了嗎？

問：是的，在智力上確信了。

尼：不要談什麼智力。你信服嗎？你知道你不是身體，不是頭腦，也不是別人給你取的名字。你是能知之力，沒有形態。當你認同了身體，你才是一個人。如果你不認同身體，你會有性別嗎？離開身體後，命氣和「我在」融匯到了基底中。那麼，哪還有什麼男人或女人呢？

問：應該依此來進行禪修嗎？

尼：禪修是非常必要的。在禪修過程中，你必須堅守這個見地：我不是身心，我只是自明閃耀的覺知。

問：什麼是三摩地？

尼：滿足感。當你企及目標，你就會感到滿足。正如你會想要獲得好處，當你的確獲得了好處時，你就會滿足。

問：但三摩地對「了悟眞我」沒有幫助。

尼：三摩地中的滿足狀態就是真我。當你感覺不到身體時，就會有全然的滿足。

問：三摩地中的滿足是徹底圓滿的滿足嗎？

尼：不是，它依舊是一種客體性的滿足感，食物精華的特徵存在於其中。那時，那個「知」，即那個食物精華帶來的特徵，退入到了滿足中。

所有聖人都說，要崇拜你自己的真我，但大家並不理解這究竟是為什麼。他們崇拜羅摩或黑天等等，然而，在崇拜所有這些神明的過程中，你的真我也會顯露出來。

聽過聖人的開示後，人便會開始關注真我。他可以繼續履行自己日常生活中的所有職責，但他的注意力將指向真我，他不會再被捲入到任何事情中。在這個過程中，他將逐漸企及至高的「那個」，即究竟實相。要充分利用你遇到智者、上師或聖人的機會，要領悟自己是什麼。然後，安住在真我中吧。

由於無明，我們一直以來都依賴頭腦，頭腦成為了我們的上師——頭腦在指導、引導我們。現在，我已經明白，頭腦不是我、頭腦不同於我。在這個過程中，我從身體和頭腦中分離了出來。如果身體明天就要倒下，我也不會有什麼事。

問：應該以怎樣的態度來聆聽上師講話？

尼：應該非常樂於去接受，充滿了愛和謙卑，完全臣服於上師。

問：應該在上師身邊待多久？

尼：你必須與你的真我待在一起，真我即是上師。對上師教言的信心應該是一種鮮活而真切的信仰。想法可以來來去去，但信心不應受到干擾。你應該安住於「純淨我在」中，當你這樣做時，你就與顯化的上師融為了一體。自性上師即是看著「我在」出現並消失的「那個」，當我們安住在究竟實相中時，那就是自性上師。最初你確實需要一位人身上師，那也同樣是自性上師。那些對認知真相有迫切渴求的人，必然會遇到這樣的一位自性上師。

在我原初的真實狀態下，我沒有形態，沒有心念，我不知道我在。但突然出現了另一種狀態，在這種狀態下，我有樣貌，有念頭，我存在。這是怎麼出現的呢？能解釋這些表象顯現是如何出現的，這樣的人就是自性上師。

最原始的音樂

一九七九年十月十三日

尼薩迦達塔：不要被想像或想法束縛，遠離它們，讓一切事情按照其本性發生。你現在被身心所束縛，你也被這個客觀世界中的各種關係所束縛，這些束縛確實非常深重。所以，內在要與真我站在一起，以此為真實立場，這樣才會給你帶來自由。

內在的真我徹底就是如虛空般的空性（emptiness）。通過出現在你身上的「知」，你看到了這個客觀世界。你知道你是醒著的，帶著這種覺知，你發現這個世界充滿了所有那些客體性的畫面，而它們其實都在你之內。在深度睡眠中，根本沒有任何畫面、沒有任何客體性的景象。

這個客觀世界的出現沒有任何原因——它是自發產生的，對此沒有任何人做過任何事。這種能知之力本身會告訴那些察覺到能知之力的人：能知之力其實就是你所看到的一切。

要理解這一點非常困難。領悟到「知」正被遍在的能知之力見證著，這樣的人已經企及了實相。但大多數人都被顯化出來的「我在」之知給包裹住了。

世界在我之內，我不在世界之內。薄伽梵即是光，是顯化出來的世界。我已經證得了那道光，但我不被它束縛，我不在它裡面。

自在主的狀態是個邊界線，跨過去就是無相（*Nirguna*），無相從那裡開始——從「有」（being）到「無」（no-being），進入了實相的領域，從那裡可以見證到這整個外顯的世界。究竟實相始於那裡，它不是「我在」。究竟實相不會說話，但這場談話只與它有關。

若要追求這一真相，我不提供任何方法，我最多只能告訴你如何淨化你的命氣——你將被授以名號咒，持咒禪修，僅此而已。所有其他的事情都是自動發生的。

持誦名號咒有什麼意義呢？它是最原始的音樂，最好就是帶著旋律唱誦出名號咒。在這個過程中，人失去了自我，所有的顛倒妄想都煙消雲散。

提問者：既然這整個表象顯現都是我自己，我可以在其中帶來某些改善嗎？

尼：當你執著於身心時，你就從表象世界中分離了出來，你看到形色不同的人和事物。在這種狀態下，你會升起各種欲望，並想要改善自己或是改善別人。進階的狀態是「純淨我在」的狀態，在這種狀態下，每一個行動、每一個顯現出來的東西，都是我自己。在這種狀態下，不存在改不改善的問題，你就只是整個顯現，「我即是一切」。再接下來的是「無生」的狀態，在這種狀態下，沒有存在感來了知「我在」。那是最高的狀態。

當人開始稱呼自己為棄世者（*sanyasi*，僧侶）時，他們就會給自己施加各種限制：「我必須蓄出能盤在頭頂的長頭髮」、「我必須以乞食為生」、「我不能吃這個」等等。因此，我不會擺出任何特定的身分或姿態。端上桌的食物，這個身體喜歡什麼我就吃什麼，不喜歡的我就避開。但並不是說「這是好的，那是壞的」，不是這種情況。

你的第一步是要安住於存在感：把握住「我在」之知，成為那個「我在」之知。我正試圖闡述的，是我最隱祕的祕密。就像夢中的世界，無緣無故就出現了，你可以觀察它，同樣地，這個世界，無緣無故地出現，你不得不看著它——只是看著就好。

自發地、不知不覺中，你的存在感出現了。你無法有意識地知道「接下來我將會存在」，只有在

「我在」形成之後，你才知道我在。

問：我能繼續履行自己的家庭職責嗎？

尼：要用上所有的熱情，去好好做，但要理解我告訴你的真相。如果你真的理解了，就牢記它並思考它。並不需要從事什麼特別的禪修。

命氣是心念流動的起因，除了睡眠期間，它一直都在忙碌著。表面上我們可能在修習儀軌，大聲誦讀著讚美詩，以為自己正在參與某種靈修活動，但心思卻沒有放在那首讚美詩上，等等此類情況都會發生，其實心已經飄到了其他地方。

問：當一個人完全享受他正在做的事情時，就會失去「我」的感覺。

尼：這種情況下，存在感徹底被心的專注給吸收了，而那個無存在感的狀態只是見證著。要以那個基底來禪修，靠了那個基礎，你才知道你在、世界在。那個基底就是這個外顯世界的源頭。所有行為都是由命氣來完成的，命氣的語言就被稱為頭腦。持誦咒語是通過命氣來進行的，而這個存在感僅僅見證著命氣的各種活動。「我在」這一消息只是一種見證，而命氣啟動了所有行為活動。這二者都靠「食物之身」，也即是食物的精華來維持。「我在」之知是底片，是命運。最後，到底什麼是我們的命運呢？就是那個出生了的化學要素，是那個記錄一切、生發出一切的電影膠卷。在這其中，「你」又在哪裡？「純淨我在」是一種化學要素，其中記錄了將會發生的一切。當你了悟到這一點，你就會明白：你不是一個個體。

幻覺的根源

一九七九年十月十四日

尼薩迦達塔：你們這些人一起在印度旅行嗎？

提問者：是的。我們有些人一直在學習哈達瑜伽，我們還去了室利·拉瑪那道場，在那裡禪修。

尼：成群結隊地一起行動，只是便於交友，真要尋師訪道的話，都是獨自一人的。如果你們想學好哈達瑜伽，只能去別的地方；想要禪修的話，請回拉瑪那道場吧，那是一個好地方。在這裡我們只教智慧瑜伽，沒有哈達瑜伽。

問：但哈達瑜伽對調伏自心有幫助，對嗎？

尼：只有當阿特曼存在時，才會有心。摩耶是阿特曼用來表達的「語言」。

問：阿特曼是能思考的那個，對嗎？

尼：阿特曼是能觀察的那個，而心和命氣只是活躍份子。

問：它們其實是一體的？

尼：因為你視自己為一副身體，所以你會認為它們是各自獨立的。

問：要怎樣看待業力呢？

尼：你所擁有的全部能量都來自業力，但它不是阿特曼。

問：人總歸是由某種未知之物轉世而來的吧？

尼：它只是食物之身。僅僅因為認同了身體和頭腦，你才會有這些概念。

問：頭腦和眞我是不同的嗎？

尼：它們是一體的。

問：那什麼是死亡？

尼：只有對死亡的恐懼是存在的，而對死亡的實際體驗並不存在——就像你從未體驗過出生，你也體驗不到死亡，有的只是對死亡的恐懼。

問：什麼是死亡的體驗？

尼：那是種休息。

問：我們會有死亡的體驗嗎？

尼：不存在死亡的體驗。你最多只是看到一具屍體躺在那邊，而你在這邊看著而已。

問：當試圖找出「我是誰」的時候，我沒法長時間專注，因爲總有其他的想法會闖入進來。

尼：誰知道這些想法出現了？

問：我知道。

尼：既然你覺察到了這些想法，你就不是這些想法。如果沒有一個基底存在，誰能升起想法？

問：能否在不失去覺察力的情況下，從心念中擺脫出來？

尼：誰想從心念中擺脫出來並同時還對其他事物有著覺察？這個「我」是誰？你是先於心念

的，你必須回到源頭去。

對這些談話進行沉思，就可以稱之為禪修，但在實際的禪修中，你應該定於那個能定的，沉思於那個能沉思的。若這樣做了，你就會知道你是誰。你會親自了悟到真相，而無須求教於誰。在世俗生活中，以及在靈性追求中，你總是想要求教於人。

問：若只是過著正常的世俗生活，我們有可能將「我在」融入到究竟實相中嗎？

尼：不可能。這就是為什麼所有那些偉大的神之化身都會修習甚深的三摩地。甚深三摩地就意味著「本然存在」融入到了究竟實相中。

問：修習哈達瑜伽讓我可以更加集中注意力，身體也感覺更輕盈了。我覺得這對我有好處，我需要繼續修下去。

尼：在你認識到你的真我之前，你不會知道自己到底需要或不需要什麼；在你認識到自己真我的那一刻之前，你做什麼都是無用的。你也知道，身體正在走向死亡——誰將離開那副身體？好好想想這個問題吧。

問：這是否意味著，對身體的認同是一種障礙？

尼：是的。這種觀念是最大的障礙。

問：我們是如何陷入這種觀念之中的？

尼：孩子最早得到的教導來自於母親，開始是「我們是你的父母」、「你是兒子」、「你應該這樣做」等等。在那之前，孩子的需求只是生理上的，他對自己沒有任何瞭解。後來，他從學校的老師、家庭的其他成員那裡得到了更多的教導。他所知道的東西都是別人告訴他的。

個體接受並與他人討論各種概念，但幾乎沒有人考慮過那個始終存在的、認知著這一切的本體。而那種明覺是最早的，是所有概念的基礎。「明覺」只是給它取的一個名字，它其實沒有名字，也沒有形態。那是一切感知的源頭。它不需要安寧與寂靜，因為它本身就是安寧和寂靜的。在這種本然寂靜的本體中，沒有二元對立，無時無刻，無有變化。這個基礎本體超越了任何的狀態。無論通過感官感知到什麼，都只可能是明覺中的某種運動，而只要清醒和睡眠的狀態存在，這種明覺就會存在。在這些狀態下發生的任何事情，都只是暫時的。

能知之力本身就是神，而這種「本然存在」或能知之力，是唯一可以向人們透露整個顯現和整個創造的祕密的東西。其他東西不知道祕密、透露不了祕密，其他東西都只是一個個概念。

在這個基礎本體、這個對存在的基本了知或覺知向你透露它自己的祕密之前，在你與它變得親密無間之前，你所擁有的任何知識都只是概念，是不真實的。甚至這個作為所有知識源頭的基礎本體，也是有時限的。這種明覺不僅可以給你帶來關於你自己存在的知識，也帶來了關於世界的知識。但當這種明覺隨著身體的死亡而消逝時，關於自己和關於世界的知識都將消散。

「我」是如何在不知不覺中產生出來的──關於此的祕密真知，只有這種「存在之知」才會透露。其他向你傳授靈性知識的上師，所有的教導都只以他自己的觀點為基礎，他認為的真理。那個觀點可能很棒，但仍然只是一種想法。無論你因此而領悟什麼，都不會是永恆的。

神奇的是，我正在借助這粒「種子」闡述這些真知。正在懺悔罪業的那些偉大瑜伽士和聖人們都無法信受這種真知，因為他們執著於某些想法，希望獲得一些非常偉大的成就。雖然表面上他們是為了「了悟真我」而做懺悔的，但在這個過程中，他們滿足於自己獲得的成果，從而也就住在那些境界中了。

問：現在我已經明白您說的了，我打算鑽研下去……

尼：你說的「鑽研」是什麼意思？這表示你只是在努力記住這些概念。我要說的是，你必須變得沒有概念。要把斧頭對準概念砍去，包括「我在」這一概念。

問：若要消除概念，以便我們能夠認知眞理，是否需要付出某些努力，還是說它自動會發生？

尼：它是自發的。「我醒了」這個概念本身就是幻覺的根源。

問：所以不需要努力，只需要信受眞相本身？

尼：只有百萬分之一的人能夠信受，其他人還是會想獲得一些什麼。

問：我們要如何從心念的流動中走出來？

尼：心念一類的東西，也同樣在我之內流動；它們從命氣中流出來，但我不予以理睬。愚者一接收到任何印象，就會把它算在自己的帳上，還記錄在自己的日記本裡。

看破這一切

一九七九年十月二十一日

尼薩迦達塔：這種「我在」之知是因愛而生的，而那種愛存在於萬物之中。當這種覺知出現在真我之上時，它是絕對快樂的，但在孩子兩三歲後，他逐漸被「我」和「我的」的觀念所俘獲，於是漸漸失去了對「我在」這種快樂的掌握。這整場「俘獲」帶來的結果是，他得出結論：我出生了，而且會死。

這種覺知已經出現在你身上，你受到指控，說你已經輪迴了很多次，造下了很多罪業。被告正站在被告席上，被嚴厲判處了二十五年的監禁，並且還要在第二十六年時被執行絞刑。而他正在低頭認罪！

請徹底質問自己：你是一副身體和頭腦嗎？你究竟是誰？請親自找出來！在你出生之前，什麼都沒有，也沒有任何想法，想不到你會有一個形態。只是在母親告訴了你你是什麼後，你才有了這種認知，認為自己有一個形態。經歷過這種質問後，結果將會是，「死亡」的想法離你而去。

提問者：這種覺知、「知」是什麼？

尼：這種覺知是被身體吸收的食物精華。它和身體同樣都是物質，是會消失的，就像這簇火焰一樣，終將熄滅。或許有人會問，如果我們希望活到下個月，難道就不應該讓身體進食嗎？假設你有一些不新鮮的食物，如果你把它們擱到角落裡，它們就會變得酸臭，並且到了一定時候，裡面會長滿了蟲子或昆蟲。難道不是食物為這些蟲子和昆蟲提供了生命嗎？這說明了什麼？在那些昆蟲身上展現出來的生命力，只是食物的精華。那種能賦予生命的力量就蘊含在這種食物精華中，而食物精華本身就是那種力量自己的食物。

問：到目前爲止，馬哈拉吉所說的給人的印象是，似乎有某種跟食物有關的磁場一類的東西，它組成了一個「我在」。換句話說，馬哈拉吉構建起一個關於食物的眞相，其中包含了一個構成「我在」的場。我不認爲這是他想表達的意思，但聽起來貌似是這樣的。

尼：身體是什麼？從五大元素、土壤和植物中，形成了一副身體，難道不是這樣的嗎？

問：是這樣的。

尼：在那之中，哪一部分是你？

問：我不知道我在哪。

尼：就比如說一粒糖。糖是甘蔗的精華，它就只是甜味。你能嘗到糖的甜味，但你不是糖、不是甜味。這種甜味是什麼模樣的？它有一個形態嗎？

問：有可能有形態的。

尼：當甜味消失後，它是去了天堂還是地獄？它沒有去任何地方，它已經融入了你。

問：前面馬哈拉吉談到了「我在」是從五大元素中產生的。難道五大元素不也是從「我在」中產生的嗎？

尼：是的，這是一個惡性循環。要理解它，擺脫它。當「食物之身」被最終耗盡，以前的你是什麼你就會成為什麼。能知之力、世界和這整個顯現是一種表達，這種表達說出了「你在」。

總的來說就是：要看破這一切，但不要試圖去干涉。所有的先賢和領袖們都來了又走了，他們改變不了什麼。這就是摩耶的遊戲。所有這一切都是從虛無中產生的，而且正在回歸之前的狀態。

這個「我在」是五大元素的產物，而「我在」又創造了五大元素。那麼，我們要怎麼摧毀呢？

問：摧毀不了，只能去超越。

尼：「我在」是戲中的一部分，而你是先於「我在」的。

想要存在下去的意願

一九七九年十月二十二日

尼薩迦達塔：現今世上所有那些神奇的機械和技術發明都是誰創造的？孩子的心中就包含著所有這些知識，具備了潛能，他需要的物質材料都由五大元素提供，他從中創造的東西就如你現今能在世界上看到的一樣。那個從母親子宮中蹦出來的「無明」，生出了這麼多的知識。

阿周那在哪裡看到了室利·黑天向他展示的偉大的遍宇形貌？他是在他心中的那個如原子般的能知之力中看到的。無論黑天和阿周那代表的是什麼，你就是那個。

提問者：我喜歡這一點。

尼：你準備好接受這種見地了嗎？

問：是的。

尼：祭祀時並不會有一個單獨的神靈降臨，前來實現我們的祈願。沒有做任何事情，你就獲得了「我在」之知。你擁有無畏的勇氣、英雄氣概和信念——那是自在主，那就是你。我正在給予你的是關於你無始以來的本來面目的教導，但你卻喜歡待在猴子般的身形中，不打算拋棄那種形態。

你為什麼活著，你的目的是什麼？你的目的只是想保留你的個體性、你的人格，並讓你的所有需求得到滿足。

這個人來到我這裡，目的是為了讓她和她所有的家人擁有健康——這是她全部的目的，而並非是為了了悟真我。這個家庭會得益於此，收到這個小小的好處，但最重要的好處，也就是究竟實相，他們是得不到的。

世上沒有任何眾生出生、活著，或是死去。沒有這類事情，這只是能知之力中的一場戲。

問：若信仰上帝，死後會發生什麼？

尼：他們能安然去世。他們會看到上帝到來，然後他們就消失了。

問：那關於天堂和地獄的說法呢？

尼：無論人們持有怎樣的觀念，心有所想，都能實現。

問：脫離了「食物之身」，這些想法是怎麼延續下去的呢？

尼：那個「我在」不會立即消失，它會以精微身的形態延續一段時間。雖然沒有身形相貌，但精微身中包含的欲望並沒有消失。只要有一粒食物的精華存在，「知」就會繼續存在。室利·黑天說：「我把各種不同的眾生放置在了這臺幻覺的機器上，他們慣性地輪轉著。」所有這些眾生活動所用的機械動力，都只是摩耶，是「我在」、「我愛」[56]。

這種愛的本質是貪著、極大的貪愛、強烈的欲望。我們多麼喜歡活著啊，如此熱愛！這就是原初的幻覺，是一種想要存在下去的意願。

這是最大的奇蹟，這個本源採納了如今的這個形態，但你卻樂在其中，把它當成是「我」，並將本源限制在了身體裡。現在我們必須弄清楚，委身於這副軀體的那個本源，究竟是什麼。

那個「一」就是一切

一九七九年十一月十一日

提問者：有人跑來找我，問了我一些關於馬哈拉吉的教導的問題。我應該如何回答？

尼薩迦達塔：如果你知道答案，那盡可以告訴別人，但不要認為自己就高人一等。如果對方只是表面上感興趣，那敷衍一下就可以了；如果是真有求道的心、如果這個人的確很想弄明白，那就可以跟他展開討論。如果你把真知給了一個不是真正發自內心感興趣的人，這對他是有害的，也害了其他跟他交談的人。

問：我不確定我是否能解釋清楚「眞我」。

尼：我們能感知到事物，但必須明白，我們是使「感知」成為可能的那個基礎。通常情況下，個體眾生的自我認同建立在他看到或感知到的東西上。你必須瞭解，什麼是你存在的根本原因。一個人的出生，基本上是與子宮關聯在一起的，必須清楚地瞭解整個過程。許多人

56「我愛」在尼薩迦達塔的語境中，等同於「我在」，因為存在感想要繼續存在下去，貪愛於延續自身，所以它愛它自己。

自稱為大師，但卻並沒有真正瞭解這一點。傳統上怎麼說的，他們就怎麼教人——他們聽聞過一些教導，然後以此為基礎就開始教授別人了，但他們並沒有回溯到事情的源頭。有許多先知，他們根據自己的想法和觀點建立起各種宗教。這些宗教規定了各種行為準則：「做這個」、「不要做那個」。所有這些「做」和「不做」，曾為眾生的本性帶來過任何改變嗎？

有個印度教徒向一頭牛扔了一塊石頭，牛碰巧被砸死了。根據他信奉的宗教，印度教徒會認為他犯了大罪。與此同時，其他宗教的信徒宰殺了一頭牛並吃了肉，但對他們來說，卻沒有罪過。屠夫和他的家人都活得很開心，而且也很富裕！他們沒有受到罪業的影響，而印度教徒卻會在日常修行中，懺悔自己的罪業。不要去研究這些不同傳統的不同準則，要從根源上入手。

從受孕的子宮裡出來，從「種子」裡出來，你就算是出生了。在受孕的時候，你的存在處於潛伏狀態，由於它的存在，身體會在胚胎中不斷形成。你是這些東西嗎？

你的信心不是很堅定。每當我說話時，我總是想讓你回過頭去尋找源頭，但你卻在往前走。

你尚未洞見到那個源頭。你還有什麼問題嗎？

問：第一個身體是如何形成的？

尼：無論是第一個還是最後一個，過程都是一樣的。

問：如果沒有個開始，就意味著什麼也沒有——沒有什麼開始了，也就沒有什麼會結束。

尼：在這裡，你不會得到只立足於文字的答案。要安住於源頭，穩定在那裡，你就會得到答案。

原質和原人，這兩個原則：原人意味著靜止的，原質意味著運動，它們沒有身體或形態。我們從虛空開始談起，虛空是穩定的，然後有了運動的風，那就是原質。所以，原質被投射出來是從那裡開始出現的。有了風和虛空，就有摩擦，從摩擦中產生了熱，也就是火，當這種熱冷卻時，它會以水的形式滲出。然後，水以雨的形式落下，在它沉積的地方，形成了土，在泥土中又長出了植物。

這一切全都是原質和原人的遊戲。當它們進入泥土和植物形成的階段時，身體、形貌、森羅萬象就都出現了。然後誕生了各種昆蟲、動物和人類。但所有的演化與形成都已經在虛空中決定好了——命運早已封存在虛空中。

虛空中的原人和原質相互關聯，其最終的高潮是：人類、動物等等被創造了出來。根據印度神話，總共有八百四十萬個物種。

問：是什麼令創造得以發生？

尼：這一切都不真實，只有在摩耶的領域裡才是真實的。要先瞭解這整齣戲，然後擺脫。

問：既然不眞實，我們幹嘛還要瞭解它呢？

尼：因為這樣一來你才會明白，擁有這副身形是多麼的無用。在探究的過程中你會發現，你不是那其中的任何一部分。當人了悟到「我與原質和原人演變出來的一切無關」時，他將立即得到解脫。

問：子宮裡的生命本質，那怎麼就會是「我」或我的存在感呢？

尼：你是從較粗重的層次開始探究的，這就是為什麼你會有這個關於「我」和「我的」的問題。要瞭解整個過程。在這個宇宙的演進過程中，你真的是那些幻相中的某一部分嗎？

問：我們怎樣才能走出這種輪迴？

尼：我們難道不在輪迴之外嗎？就像你是在那邊，而我是在這邊。要明白，這是原質和原人的宇宙大戲，那些都不是你，你也不在那些裡面。道理上是很簡單的：假設你的一個親戚死了，他的屍體被火化了，這個親戚就真的被火化了嗎？只是死去的身體被火化了，而他不是那副身體。命氣同樣也離開了身體，但他不是命氣。

假設發生了一場事故，有數百人死亡。你聽說你最親密的朋友也在死亡人員中，所以你去了事故現場，詢問情況。然後你得知你的朋友不在其中，於是你當即感到慶幸，不再擔心了。同樣地，當你探究這整個過程時，你會發現你也不在其中，然後你就從輪迴中獲得了解脫。

問：但世界和上帝是如此有吸引力。

尼：你為什麼要擔心世界有沒有吸引力？只有當你存在時，世界和上帝才是存在的。

最後，我們必須弄清楚的是，這種存在感是由於什麼而出現的。一旦你明白，存在感是食物精華的產物，你就知道你不可能是那種存在感。禪修時應該是沒有禪修對象、無有所緣的。一旦得出了結論，除了自己的真我外就沒有其他東西了，如此一來，人還要崇拜誰呢？那個「一」就是一切。

問：只有「一」存在，但它是豐富的、多樣化的。

尼：你看，你是很明白的，但你卻背離了那個「一」。一旦成為了智者，那個人就與究竟實相合而為一了。但就身體而言，身體上發生了什麼、身體的行為如何如何，這些都與覺悟者無關。智者是無形的，他不是一個個體，他不關心那副身體將如何行動。

問：在智者面前，怎樣做才算是真正地在頂禮智者？

尼：你可能認為我是一個智者，但從我的角度來看，無論我看到什麼，都只是孩童般的遊戲。這整個事情——世界的存在和對世界的認知，都是小孩子的遊戲。這個孩子已經八十三歲了，這就是那個孩子幻覺的遊戲。

正在進行的遊戲是什麼呢？嬰兒已經出生了，八十三歲這個年齡只屬於那個嬰兒，而不是我。只有十萬分之一的人能夠真正理解這裡所給予的真知，大多數人不願放棄他們的自我感。

所有這些談話就像母親和孩子之間的遊戲，只是好玩性的，但沒有真正的意義。孩子只會活在當下，活在那一刻。他沒有焦慮，沒有責任。同樣的事情也發生在這副身體上，即使它已經八十三歲了。

這種使「感知」成為可能的能知之力，其實就是阿特曼。而覺察到這個能知之力的，則是超梵。我每天都在講同一個主題，但麻煩的是，你們一聽到點什麼，轉頭就忘了。

真我之力

一九七九年十一月十六日

尼薩迦達塔：從出生開始，是什麼令身體能夠成長？那不是世間的任何一種力量，那是存在的力量，是原力、真我之力、能知之力，隨便你怎麼稱呼。

各種宗教都給出了各種取悅神的方法，但最原始、最純粹的崇拜形式，就是對真我的崇拜。

君主和國王都曾經拜倒在那些外表非常普通的聖者腳下，是什麼讓這些看似平凡的人能迫使強大的統治者拜倒在他們腳下呢？那是因為擁有真我的智慧。

許多人賺了很多錢，得到了世俗的權力，但在使用金錢和權力的過程中，最終失去了這兩樣東西，並只能生活在貧困中。還有一些人，像個乞丐一樣，為了得到一些只是暫時性的東西而向神靈祈求，然而，他們至始至終都是乞丐。

每個人都擁有真我的力量，但結果呢？所有的力量都被用在生活中無用的事情上。這種力量沒有被保護好並用於對真我的認知。如果真我的力量在獲得「真我智慧」的過程中得到保護並壯大，那麼整個世界都會拜倒在你的腳下。這是聖人瓦希斯塔給羅摩錢德拉國王的忠告[57]：「這個真我因為禪修的力量而倍感喜悅，並享受到了至極的幸福，因為在最終的幸福中，所有其他的喜悅都會被吸收。即便是那些沒有徹底了悟真我的人，也可以通過禪修享受到極度狂喜的時刻。」

問：我們在哪些方面浪費了這種力量？

尼：你們把它浪費在世俗事務中，浪費在相互擁抱中，浪費在閒談中。甚至在這裡，你們坐著禪修，得到了一定潛在的力量，而這一切都被浪費了。所以，做所有這些事情又有什麼用呢？那種力量是需要保護好的，不要浪費在各種世俗的快樂中。

57 羅摩錢德拉國王（King Ramachandra）即是羅摩（Rama），印度神話傳說《羅摩衍那》中的主人公。在《瓦希斯塔瑜伽》（*Yoga Vashista*）中，聖人瓦希斯塔（Vashista）和羅摩錢德拉國王展開了一場師徒之間的靈性對話。

成百上千的人去拜訪阿南達·瑪伊[58]，她用豐盛的食物款待了大家。她怎麼會有這麼大的能耐，能夠負擔得起這麼大的花費呢？正是因為阿南達·瑪伊本人擁有這種力量，所以大家才會去找她，捐錢給她。阿南達·瑪伊自己有做了什麼嗎？什麼也沒做。她只是坐在那裡，享受著屬於自己的喜悅。

你們會將這些牢記在心嗎？這就是智慧瑜伽的力量，若不是這種力量，一個人只會像其他任何人一樣普通。這就是真我的力量，它使一個人變得非凡而不同於常人。

問：禪修時我的能量忽上忽下，忽下忽上。我掌控不了。

尼：你會在適當的時候開顯出能控制這種能量的能力。

問：我從來不覺得應該強迫自己去禪修。如果我強迫自己，我會變得非常沮喪和疲憊。靜不下來的時候，我就沒法禪修。

尼：如果你坐不住，那就唸唸名號吧；如果你不能禪修，可以連續地持誦真言。有一個叫瓦利的強盜，他殺過很多人，積累了很多罪業。他殺的人流出來的血，可以灌滿七個陶罐。瓦利就是如此罪孽深重的一個人。後來他遇到了聖人那羅陀（Narada），那羅陀告訴他要持誦羅摩的名字——當時羅摩還沒有出生。瓦利於是開始不斷地持誦這個名字，由於他持誦了這個名字，究竟實相為了瓦利的緣故，化身為了羅摩。所以，這就是持誦名號的力量。藉由持誦的力量，瓦利清除了他所有的罪業，獲得了許多功德；因為功德的力量，羅摩誕生了。我們中沒有人像瓦利那樣的罪人。

最高的崇拜，就是對真我的崇拜。你禪修做了很多功德，但你卻把這些功德耗散在世俗的事務中。

問：我的房間那裡非常嘈雜，我發現我的心也很嘈雜。若只來這裡禪修，這樣足夠嗎？

尼：可以在任何你喜歡的地方，只要有機會你就禪修吧，你不必一定要來這裡禪修。深入禪修，真我就會感到喜悅。你不必去別的地方獲得真知，你自己的真我就能賜予你真知。我說這番話的重點只在於：你應該認知真我，並安住在真我中。

---

58 即Anandamayi Ma（1896-1982），印度著名的當代女性聖者。

問：但這種認知是什麼，是一種感知嗎？

尼：開始禪修吧，真我會引導你的。真我是無所不在的顯化之靈，不要給它安排一個形態，不要把它限制在身體這一形態中。一旦真我放棄了身體，身體留下來還有什麼意義？它將開始腐爛和分解。

問：若禪修時沒有任何念頭，是否可以說，心已經融入了眞我？

尼：是的。沒有身體的真我是怎樣的，你會在禪修中弄明白。在沒有身體的情況下，真我的本來狀態，或者說真我充滿喜悅的幸福狀態，應該在你還擁有身體的時候就搞明白。儘管還擁有身體，但你必須達到那種狀態。

問：當我禪修時，心意集中，但並沒有專注在任何東西上，在「我」和眞我之間似乎有了一個邊界狀態。那時可以觀察到念頭的升起，然後有時會有一種感覺，覺得有某種東西存在，就好像有人走進了房間，儘管沒有看到他。就是那種感覺。

尼：你可能會有這種感覺，但你的注意力應該放在真我上，即能禪修的那個上。

問：但是，心並沒有專注在那種感覺上，那種感覺是毫無徵兆地來的。

尼：在這個過程中，你會有很多覺受體驗，但是你的注意力，你的興趣，必須是真我，而不是你得到或感覺到的任何東西。真我將變得明顯，變得無邊、無限。現在，被局限在個體中的那個，將打破局限，它將變得明明了了、無邊無際。

問：當我處於無念的狀態時，我有一種完全平穩的覺受：沒有快樂，也沒有痛苦，只有平穩。這是對的嗎？

尼：是的。真我的狀態，沒有快樂，也沒有痛苦。當你不知道你在的時候，這就被稱為「與至高者合一」。只要命氣存在，頭腦也會存在。要安住於真我中，但不要跟命氣和頭腦糾纏在一起。要漠視頭腦。

「出生」是個幻覺

一九七九年十一月十七日

提問者：有人告訴我，我是明明了了的遍在之靈。那我怎麼會陷入到這個身體中的呢？

尼薩迦達塔：如果你是遍在之靈，那麼另一個「你」，也就是陷入到擁有身體的這種狀態的那個「你」，是什麼呢？是其他的東西嗎？身體、遍在之靈，還有你，所有這些之中，其實除了活活潑潑的遍在之靈，就沒有其他東西。但遍在之靈以「我在」的形式表達了出來，它把自己理解為「我在」。然後，這種特徵通過三德讓自己捲入到了世俗活動中。「我在」這種特徵就是這樣的。

問：我是誰？

尼：無論你想給自己取什麼名字，就取吧！你可以取名為「梵」，也可以取名為「自在主」，或任何你喜歡的名字。只有在世俗活動中，或在交流的時候，才需要用到這些名字。

「出生」被指控為一種罪，但如果我們接受「出生」是正確合理的，那麼你就是一個個體眾生，從而世界的存在也是正確合理的，是真實的。如此一來，這個顯化的梵也應該是合理的、真實的。但是當你開始探究真正的你自己時，你會得出結論，「出生」並非是真實的，是幻覺。

因此，既然這個「出生」並不真實，而「出生」的根源在於存在感的出現，所以這種存在感也不可能是真實的。存在感等同於這個顯現出來的世界，所以顯現的世界也不真實。因此，要去探究什麼才是真我。

目前，這種認知層次和你的理解層次，兩者相互一致嗎？你！

問：是的。

尼：我被告知，我出生了，但我並沒有直接體驗過「出生」——這是二手的知識。在不知不覺中，這個存在感就出現了，突然間，我知道「我在」，這種知道是直接的感知，是第一手的。當你探究「我在」的時候，你是否發現「出生」和「知道」之間有什麼聯繫嗎？

問：沒有。

尼：當「出生」的真實性被推翻後，靈修偉大而崇高的意義，以及這個世界存在的意義——所有的一切，就都被推翻了。從這個存在感中產生出了什麼行為活動呢？

問：隨便你怎麼說。

尼：你必須禪修，沉思這個特殊的要點。你不能僅僅通過語言來屏蔽我說的東西。你必須加以思考。

問：我沒疑惑了。

尼：我同意，而且我完全相信你是很能說的。人們堅持不懈地遵循著某些修行法門，但他們並不試圖去探究那個根源之所在。如果他們與這個根源面對面遇上，他們會被驚嚇得啞口無言。

我告訴你這些並不是要令你失望，但我急切地希望你能得到真知。我對你是非常尊重的。

問：我是爲了我本具的東西而來。

尼：我還是得說，你尚未完全理解你的存在、你的存在感。如果你真的理解了，一切都會被扔進海裡。

問：我並不是在爭辯。我沒有要尋求印證，因爲我沒有宣稱什麼。

尼：我一點這種想法都沒有，會覺得你回來是為了尋求我對你成就的認可。

問：好吧，如果你是這麼想的，那你是對的。

尼：「我在」是一種特徵，一種表明存在的屬性，但真我不是一種特徵。對於那個至高的真我，任何世俗的知識都是多餘的。不需要語言，但為了維持這個存在感，這些語言和世俗知識才是必需的。

問：是的，這我知道。有一次我想得到這種「明覺」，然後我明白過來，我已經就是它了。

尼：存在感已經出現，在存在感中，整場戲正在上演——這是不真實的，但如果有人問我「這一切算什麼」，我會給個評語：「這全都是梵的遊戲」。因為存在感，大戲已經開演。一切都將融入到這場梵的遊戲中。無數的日月星辰，它們的出現，起因是什麼？所有儲存在大地表面的汙垢和垃圾都在變成氣體，而從這種氣體中發出了光芒。這種氣體是從你消化的食物中形成的，當這種氣體被點燃時，「我在」之知的火炬就會繼續燃燒下去。這種氣體最後難道不是從風和水中形成的嗎？正在說話的這個人，他難道不是這種食物和水產生的氣體的產物嗎？

「知」的火焰是由食物生成的氣體維持的。「知」是類似甜味的東西，這種「甜味」，舌頭是嘗不到的。它是最精微的，它比空間更精微。

身體不會陪你到永遠

一九七九年十一月十八日

尼薩迦達塔：身體裡的神性（God principle）將會拋棄身體，趁還活著的時候，就應該獲得關於那個神性的教導。要瞭解這個神性，並與它融為一體。身體不會陪你到永遠。

覺知是覺性（Awareness）的投影，而覺性是究竟的。只要身體還在，覺知就會一直存在。在這一點上要繼續思考。活著的時候，覺知就是一切，我們必須安住其中，但請記住，覺知是會消失的。

我們吃下的食物會在二十四小時內被當作廢物排泄掉，但在我們身上的那個本質會像食物一樣消失嗎？你有真的好好思考過你來這裡的目的是什麼嗎？你是身體嗎？你必須弄清楚你是什麼，你必須參問和探究。

你必須非常認真地思考這個問題。只有這樣，你才可以來這裡聽講。就在此時此刻，當你還與身體相伴時，就要找出你是什麼。

通過靈修，你明白了什麼？打著靈修之名你所做的這一切，到底是為了什麼？

你吃下的是食物，喝下的是水，你把它們當作糞便和尿液排泄掉。以同樣的方式，你不得不丟棄身體。也請記住，食物在你吃下去的時候非常美味，但後來它有了臭味，變成了糞便。

那個住在裡面的靈、那個住在這副身體裡的內在神性，請好好探尋一下，它是什麼。身體之所以受到重視，是因為住在裡面的靈具有神性。如果住在裡面的靈離開了身體，身體就會變得像糞便一樣。

你為什麼要為這個只會變成廢物的身體付出這麼多努力呢？

無論你與其他人享有怎樣的默契或友誼，也只有彼此情投意合的時候才能如此。一旦你們意見相左，心裡起了煩惱，你就會拋棄這段友誼。記住，一旦命氣離開了身體，身體就成了廢物，會被處理掉。你還要呵護身體多久？

提問者：什麼是出離？

尼：「出離」就是理解並拋棄對你無用的東西。你要明白這個「我在」是什麼，以及明白那個在存在感出現之前的基礎是什麼。那是你的真我，它並非是身體。你來這裡最重要的目的，就是聽聞我告訴你的這些內容。

提庫·巴巴（Tiku Baba）是一位穆斯林聖人，他的一位弟子曾經每天來我的比迪店[59]找我。有一天，他懷揣著一個想法而來，他說世間有太多太多的煩惱，應該怎麼辦。我告訴他：「探究一下『出生』這件事的源頭是什麼，把這個源頭當作藥物，用來療癒世間一切的煩惱和痛苦。然後以它的名義，進行拜讚。」聽完後他手舞足蹈。

問問身體的創造者、問問造物主本人，世間之苦的解藥是什麼？所有的醫生和精神病專家，他們會怎麼做？他們會如何治療病人？

59 比迪（*bidi*）是一種印度平民抽的捲菸，尼薩迦達塔·馬哈拉吉以經營比迪菸店謀生，他和他的家人就住在比迪菸店的旁邊。

你是否將我所說的付諸實踐了？

問：我正在努力。

尼：努力了你就能用得上嗎？

問：得靠您的恩典。

尼：恩典在哪裡？它已經與你同在了。你就是它。請找出這副身體是如何被創造出來的。由於什麼？起因是什麼？

在這個世界上，有數不清的「雕像」，它們被稱作人類的身體，每個都有不同的面孔。現在，你要找出是誰創造了這個你稱之為「身體」的形象。它是由什麼構成的，雕刻出「雕像」的雕塑家，又是誰？「他」就在那個身體裡嗎，還是不在身體裡？

智者和希特勒

一九七九年十二月二十八日

提問者：智者如何看待世界上各種不同的宗教？

尼薩迦達塔：智者不關心世界上的各種宗教。那些宗教都是由人開創的，從各種宗教中人類又創造出了什麼呢？很少有幸福感或滿足感，充斥著大量的嫉妒、仇恨、混亂和分歧。人類用他們從各種宗教中得到的觀念和臆想來折磨自己。每個民族都有好幾種宗教，但都是在五大元素中的遊戲。

每個人都把自己糾纏在了某些觀念之中，並熱衷於延續這些觀念。但不幸的是，他並沒有看到那個根本的基礎，也就是他自己的真實本性。對於一個已經了悟到這個基礎的人來說，對死亡不再有恐懼。

問：希特勒是他自己思想的產物還是食物精華的產物？

尼：他是五大元素的產物，所以把他人格化是沒有意義的。真實本性是沒有形態的。無論出現什麼都是五大元素中產生的結果。

問：智者與希特勒，智者本人是如何區分這兩者的？

尼：智者根本不區分他們。

問：那他們又從何而來呢？

尼：他們只來自於五大元素。從三四種食材中，廚師可以烹飪出各種菜餚，每一種都有不同的味道，但本質上它們都來自相同的食材。所以，如果你問這道菜是從哪裡來的，又能說什麼呢？它只是由這些物質混合而成的。

問：印度有無數人受壓迫，大家都想幫助他們，但馬哈拉吉告誡我們，不要心存這樣的目的。

尼：某種局勢出現時，總是會處在運動、變化中，它一直都在變化。也一定會有某些人，他們有能力挽救當時的危機。但無論最終以怎樣的方式來挽救危機，那都是五大元素中遊戲的一部分。那麼，個體又從何而來呢？一切都只是「發生」的一部分。

問：五大元素是如何產生的？誰要對此負責？

尼：你，你要對此負責。請找出這副身體是如何產生的——你原先的問題把你帶到了幾百萬年前，現在，我們提出另一個更近一點的問題，也就是關於你自己身體的問題。若找出這副身體是如何產生的，你就會找到你原先問題的答案。

我們有這副身體、頭腦和覺知。請找出其中有哪些是暫時的、是有時限的，而又有哪些是永久的、不會改變的。一旦你探明了答案，就沒有什麼可做的了。

問：我能明白，正如身體和呼吸已經出現，它們將消失，這種覺知也將消失，但一定有一些東西是不變的、永恆的，對此我深信不疑。我怎樣才能找到那個永恆的呢？

尼：罐子裡有一些水，你把它倒進了大海。那麼，大海的哪一部分會想要知道自己是否與罐中之水融合在一起了呢？又怎麼知道大海的哪一部分是獨立的呢？所以，那很小一部分的覺知將與整體的覺知融匯在一起。

問：身體死亡後，這個覺知將與「遍在之覺」融合。當身體還在，有可能知道究竟的狀態嗎？

尼：當個體消融後，又有誰會想要知道這個問題的答案呢？有許多人，特別是西方人，他們覺得自己的問題沒能得到直接的答覆。只是，他們問問題的立場就正確了嗎？

問：不正確。馬哈拉吉回答了我們眞正需要知道的，當他回答時，我總能意識到，最好還是不要問太多問題。不管怎麼說，他總是答在我想知道的點上。

尼：最理想的答案就是去知道：誰在為幸福而努力，誰在為困境而痛苦，而我正在為之奮鬥的實相，究竟是什麼。

問：基督教的一些教派強調，如果眞的完成了《聖經》中的所有承諾，那麼死亡時，你並非是被埋在土裡，而是消失了。多年來我一直相信這種說法，因爲我年輕時有過一位上師，他確實在我們面前消失了，同時又在許多英里外重新出現。我曾經認爲能做到這一點很重要，當然，很久以前我就放棄了。然而，當我和馬哈拉吉在一起時，我可以看清，這種想法是絕對荒謬的。

尼：世界上能發生的奇蹟是無窮無盡的，但它們仍然是顯現中的一部分。曾經有許多擁有強大意志的強大生命，藉由懺悔或毅力，獲得了神通，創造了奇蹟。他們最終又如何了呢？

問：發生在每個人身上的事情都是一樣的。

尼：如果這種人有過對真我的體驗，他們就不會試圖去獲得神通。

問：許多來這裡的西方人都相信，如果成爲智者或覺悟者，一切都會改善，他們追求這個。

尼：他們願意來就來吧。每個人都懷揣著自己認同的觀念前來，但無論他們怎麼想，最終都會意識到是徒勞無益的。這個覺知不會留在我身上，這我是知道的，所以，我又能和任何東西——包括任何人告訴我的任何觀點或想法，扯得上任何關係嗎？

問：是否有可能超越我們擁有的這種覺知？

尼：有什麼必要呢？這種覺知難道是由你創造的嗎？你為什麼要一廂情願地為這種覺知承擔起責任呢？它的開始並不是由你說了算的。

問：我極其感謝馬哈拉吉。他最不同之處在於，不管怎樣，他的回答總是最有幫助的和正確的，但想要把教學變成一個體系，這最終會毀了他們。馬哈拉吉則毫不在乎。在週三，他剛剛把紅色說成黑色，到了週五，就把紅說成白，但在當時，他的回答都是對的，因爲那個回答把提問者扭轉了過來。這是非常寶貴及獨特的。

尼：就像一個演員，可以扮演不同角色。

生命的目標是什麼？

一九八〇年一月一日

尼薩迦達塔：當「無顯／無相」成為「有顯／有相」時，二元對立的狀態就產生了，而在顯現中發生的一切都是有時間限制的。你認為我是以個體的角度在和你說話，但我是在和整個顯現交談，不是在和個體交談。個體僅僅是一種臆想出來的產物。

你是一個婦科醫生，你處理跟出生和醫學有關的問題。令「出生」得以發生的是五大元素。當嬰兒一歲或兩歲時，他的存在是由母親告知的，母親說：「你是個女孩，我是你的母親」等等。在那之前，嬰兒僅僅是活著、行動。後來，無論孩子獲得了什麼知識，都只是用一個詞來解釋另外一個詞，全都基於語言辭彙。

做手術時，會用麻藥讓病人失去知覺，當他恢復知覺並開始感到疼痛時，就會給他另一種藥讓他不知道疼痛。後來他感覺不到飢餓了，就再給他一種藥用來刺激食欲。令嬰兒得以出生的，那其中的所有一切，都不過是另一種藥，一種天然之藥，它由五大元素組成。不管什麼，都只是五大元素。如果這一點清楚了，作為一個個體，這其中你在哪裡呢？作為一個個體，有什麼值得自豪的嗎？

提問者：該做些什麼呢？生命的目標是什麼？

尼：要看到你的本來面目，看清自己的真實本性。

問：如何才能達到這個層次？

尼：*Japa*（持誦咒語）。

問：您說的"*Japa*"是什麼意思？

尼："*Japa*"在馬拉地語中是「照顧」的意思，你只是照顧好你想要維持的東西。所以，"*Japa*"是基於欲望的。

問：那麼修行者就是爲了達到某一目標而修行（*sadhana*）的人嗎？

尼：的確，修行者有欲望，因為要實現一些目標。這些目標樹立在那裡，讓追求解脫之人去追求，這也是第一個階段。在這個階段，修行者被稱為「求解脫者」，他覺得有某種存在，超越了這個物質宇宙。求解脫者仍然會關注自己的身心，但當他確信他不是身心後，他就進入了「求道者」（*sadhaka*）的階段。在這個階段，他確信自己是「本然存在」或能知之力。但最終，他得出結論，他不是那個「本然存在」，因為「本然存在」取決於食物，也是有時間限制的。

問：持誦咒語有好處嗎？如果有的話，能達到何種效果？

尼：是的。高度專注地持誦咒語，身體的內在、身體這一容器得到了淨化，這樣就能夠具足根器，接受可能會到來的內在智慧，頭腦也可以由此消融在實相中。但通常發生的情況是，人們開始持誦咒語，接著卻冒出了很多「茶是否泡好了」，或者「好像電話響了」等等的念頭。

問：我的病人打電話來，我就必須接待。那麼，該如何從日常職責中擺脫出來呢？

尼：你必須下定決心，你究竟想要什麼。如果你求道的願望是如此強烈，以至於無論身體是否活著，你都必須擁有「它」——如果決心如此之大，那麼「它」必會到來。但如果你想要的是物質世界的東西，就不可能擺脫職責。

真正的弟子有堅毅的求道精神，並從事禪修。身體裡的這種「本然存在」是如此強大，以至於你觀想的任何神靈，在禪修中都能為你所見——實現這一點，基本上憑藉的是源自「本然存在」的力量。但大多數人都沒時間去持誦名號，或從事其他的修行法門。

歸根結底，目標就是，要忘記自己的個體身分。

問：這是否意味著不應該在世間做事？必須棄捨這個世界？

尼：關鍵的問題是，世間的事是誰在做？令受孕得以發生的那個，不管它是什麼，它就是整個宇宙原初的種子。

問：我有一個關於巴巴吉[60]的問題。他活了這麼長時間，這種能力是他成爲智者之前就學會的嗎？

60可能指的是Mahavatar Babaji，一位近代的印度聖者，相傳他在印度偏遠的喜馬拉雅山地區至少居住了數百年，只有少數弟子和其他人見過其本人。

尼：這種能力不是學來的，這種能力是在這個顯現的世界中自然出現的。沒有什麼規律或理由，各種奇蹟都有可能發生、任何事情都可能發生。存在感已經附著到身體上，它尚未消融，仍然存在。在傳統印度教的經文中記載著兩位聖者，他們看到了無量的宇宙被創造並毀滅。只要受孕發生，「電影膠卷」就被創造了出來，未來就被拍攝了下來，而這就是他們的命運。沒有任何理由，就這樣發生了，這是自然界的奇蹟之一。

問：這位巴巴吉的追隨者說，幾個世紀以來，在喜馬拉雅山上，巴巴吉的行跡一直神妙莫測。根據馬哈拉吉的說法，這樣的人一定是天生就有這種能力的，或者是他在成爲智者之前就從別人那裡學到了這種能力。在他成爲智者後，他就不需要任何神力來維持身體了。對嗎？

尼：我知道，這種存在感是有時間限制的，那麼我何必還要擔心別人呢？為什麼有人要操心這些事呢？任何已經產生的東西，最終都會走向它的終點，返回到它來時的狀態中去。在「發生」結束之後，它就會離開。

問：若一個人成爲了智者，是否意味著他將拋棄所有的瑜伽修行？

尼：一個人成為智者的過程中所依仗的東西，本就會消失。有一種昆蟲，它螯了人後能使人感到搔癢和噁心。若驅除了這隻蟲，搔癢和噁心自然就終止了。生活中所有的「搔癢」和「噁心」都源自梵穴處的那小小一點。因為那個點的存在，所有這些煩惱都在覺知中產生了。一旦你知道你不是這些，一切就都結束了。

當自性上師把一切都闡述清楚後，就不需要持誦咒語，也不需要從事任何的修行了。如果你已經理解了我告訴你的，就不需要繼續修行——不需要做任何事，但你可以從事任何事。

你做過夢嗎？

一九八〇年一月二日

提問者：在那個未顯，即覺性之中，所謂的「覺知」，無外乎就是一種「我在」的感覺。但是每個人內在的這種覺知是有時間限制的，而能知道這種覺知的那個，不可能是這種覺知。「他」是完全不同的。智者安住在先於一切覺知的狀態。

尼薩迦達塔：你從哪裡來的？誰介紹你來這裡的？

問：我來自澳洲。我以前來過這裡，三年前，待了幾天。

尼：你之前聽到的對你有幫助嗎？

問：有的，有了一些轉變。

尼：為了求得真知，你來到了這裡，但你是否已經準備好去過一種沒有身體的生活？

問：準備好了。沒有身體的生活有什麼特別的嗎？

尼：這種生活是不變的，而有身體的生活是不斷變化且無常的。

在你的真實本性之中，你對於覺知、清醒或睡眠的狀態都毫無覺察。但問題就在於，人們並沒有真的確信無疑地明白，身體、命氣和覺知是有時限的，生命的開始和結束只是在永恆之中發生的一件小事。終有一天，覺知會消失，想瞭解自己該走哪條路的那個人都不會存在了。

一期生命之中，人帶著一張車票而來，等壽命到了終點，就必須走了，沒法討價還價。要明白，人的一生從頭到尾，就是一趟旅程，而且車票是限定了時效的，要知道在車票到期的時候，不管曾經得到過什麼，都將消失。看著這趟旅程就好，置身其外吧。

問：似乎有很多證據表明，在死後，意識依然以某種方式延續著。

尼：這是某種觀點。實際上，即使是這一期生命的出生和死亡，也沒有人真的體驗到。

問：那出生和死亡是怎麼發生的呢？

尼：你做過夢嗎？

問：做過。

尼：在你的夢裡，你自己也會出現，你能完全就像看別人一樣看到這個自己。夢結束的時候，這一切就都消失了。

問：我爲什麼會進入這副身體而有了意識呢？

尼：你正舒舒服服地躺在床上睡覺，睡得又香又暖，然後做了個透不過氣來快要死去的噩夢——你為什麼會把自己送到了這個噩夢之中呢？所有這些顯現的景象，只是「無顯」創造出來的夢，並沒有真的發生。

使我們相信「我存在」的那種存在感，是這一切的起因，在存在感完結時，我們又回到了自己原初的狀態。明白了這一點的人，對於正在發生的任何事情都無所畏懼。

問：智者自然而然會擁有某些特徵，這些特徵是大家有目共睹的，其中之一就是慈悲（compassion）——這樣說對嗎？

尼：你說的「慈悲」到底指的是什麼？

問：馬哈拉吉每天都接見很多訪客，爲的是傳遞眞知。他又爲了什麼要這麼辛苦呢？

尼：這種慈悲不是針對個體的，而是針對那種「本然存在」的——它卻作繭自縛，自認為是一個個的個體。

問：這種慈悲，是究竟實相和個體覺知之間天然就會產生的紐帶嗎？

尼：就在「無顯」成為「有顯」的那一刻，這種慈悲的理由就自然出現了。

問：我明白了。當智者的身體死亡時，他的眞實狀態不受任何的限制了，但這種慈悲心也沒有死亡。那麼智者是否會再次轉世投胎呢？那個慈悲心去哪了呢，它是自生自滅的嗎？

尼：整個顯現的世界就是這種慈悲心任運自發的一種展現，表現得清晰無誤，但人並沒有意識到，在世間，這種慈悲心是隨時應運而現的。在產下嬰兒之前，母親的乳房中已經預備好了乳汁，與此同時，也產生了哺育嬰兒的慈悲心。對於別人的嬰兒，女人就不會產生那種自發的哺育之心。

問：我想知道的是，人死之後是否還會留著一顆種子、還存在某種延續性，我想知道是否智者會發願要獲得一副新的身體。

尼：認為有某個東西能從一生延續到另一生的這種觀念，本身就是錯誤的。當你成為一位圓滿的智者時，你會明白，若沒有你，從五大元素之中也無法產生出任何生命。我現在給予的真知只是相當於餵養嬰兒的乳汁，但當你有了圓滿的智慧，你會明白，是你的存在感維繫著整個宇宙。

這種存在感毫無意義，它只會帶來痛苦，而且它有時間限制，但同時，就顯現出來的世界而言，哪怕是最微小的生靈，也是整個世界所依靠的支柱。

我們擁有的這種覺知，它具有多面性，它可以變現出任何它喜歡的形態，而你的真實本性是圓滿的、不變的。

你已經擁有了關於人類、關於能知之力的最本質的知識，你還想知道什麼呢？你還想尋求更多的知識嗎？

問：實際上，我所追求的是超越知識。

尼：真的沒有什麼「超」，也沒有什麼「越」。那種狀態本就在那裡。人認為自己必須跨越一種狀態，到達另一種狀態，那是「到」不了的。你還想追求什麼呢？

問：只是想讓所有的顛倒執著、錯誤認同都脱落。

尼：這就是一切的麻煩所在：人認為自己身上已經出現了某些錯誤的觀念。但所有這些觀念都只是覺知中的起伏運動，一旦覺知本身消失，伴隨它而來的起伏運動也就消失了。你已經在那種狀態中了，沒有什麼可獲得的。現在你知道了這一點，然而，對你來說，所有這些也都是無用的。

問：對的。我還想讓馬哈拉吉解釋一下關於梵穴的問題。瑜伽教法中對它的説法我已經清楚了，但馬哈拉吉說的與之略有不同。

尼：有兩樣東西，世界，以及一個人的存在，而存在的那種感覺也就是覺知——那就是梵穴，即「我是存在的」。「穴」的意思是小孔，在那個小孔中的是無聲的原初之聲，它讓你有了「你在」的印象，但你並不真的存在。在那個小孔中的原初之聲，它讓你感到你在，但要確信，你並不存在。

問：說得很棒。

尼：我立足於原初的狀態，在那裡我不知道我在。這個身體和存在感已經出現，但因為知道了它們的本質，我不奢望從中得到任何東西。

當一個瑜伽士完全沉浸在他的禪修或瑜伽中時，這種無聲之聲充滿了他，以至於他在一段時期內會陶醉於此，然後那會消退。

當身體死亡時，這個個體的覺知將與整體的覺知融合在一起，但即便如此，那個整體的覺知也是知道它存在的——只要知道它在，它就處在二元對立的狀態。

電視螢幕上的畫面

一九八〇年一月三日

尼薩迦達塔：存在感產生的那一刻，就有了二元感。顯現的世界充滿了運動變化，無時無刻不在創造無數的身體，又將之毀滅。這種能知之力本質上是遍在的，就像虛空一樣。身體內的能知之力沒有那麼恢宏，但其性質、特徵基本上在各處都是相同的，完全像是虛空一樣。想像和記憶創造出了身體和個體，而整個顯現錯誤地認為，自己只是一副身體和一個個體。

提問者：是什麼導致了存在感的產生？

尼：就像夢境的出現是沒有原因的一樣，存在感的出現也沒有原因。跟我說說你是怎麼做起夢來的——它是沒有原因的，所以沒有什麼邏輯可言。

我們在這個顯現的世界上所看到的一切，完全就像電視螢幕上的畫面一樣。

我們稱誰為父母呢？他們只是兩副軀體。如果這兩副軀體消失了，我們就認為父母已經離世。在我一無所知之時，引發了我的存在感的那個，才是我的父母，那個才是根本。

正是因為我在，我才看到了世界，才能想到上帝。因此，上帝因為我在而存在。如果我不存在，上帝就不存在。我要告訴你一個藥方，能把你的一切都打點好——你要不斷地想「我即是上帝，沒有我就沒有上帝」。當你在這一點上堅定不移之後，任何那些無足輕重的東西都會逐漸淡去。

接下來，再進一步。我已經告訴了你去認為「我即是上帝」，但現在我要你去明白的，不是「我即是上帝」這句話，而是在明白這句話之前的那個。那才是上帝，那才是你，而不是什麼文字語言。

郵差會來這裡送信，他或許是個小人物，但他心知肚明自己代表的是政府。「我在」的這種感覺，是上帝存在的一種證明。

你最初問的問題是如何超越這種覺知。覺知是有時間限制的，但它是我們唯一的本錢，這也就是為什麼它是如此的重要。

問：我還沒摸到這個的門道。

尼：那是因為對身體的認同感太強了，要放下並不容易。

問：教我們一些訣竅吧，如何才能放棄這種對身體的認同。

尼：唯一的方法就是，不斷地實踐禪修並思考我所說的這些。漸漸地，自我的局限會消失，分離感就會褪卻。要解決這個問題，必須長期地深入禪修——禪修指的是存在感本身消融到存在感之中。通過長時間地這樣禪修，會認出知道這種存在感的那個「知者」。

我是能知道這種存在感的那個「知者」——我只能知道有別於我的東西，我不可能知道我自己。通過持續深入地禪修，這個奧祕自然會得到揭曉。

你難道不就是存在感的「知者」嗎？現在你相信了嗎？

問：相信了。

尼：雖然相信了，但你心理上依舊還是認同身體，這使你覺得，總該有點什麼好事會發生在自己身上吧。現在你有了一定的智慧，這令你感到非常開心，這個智慧驅散了無明。而在無明滌蕩一空之後，智慧也會消失，留下來的只有你自己。

必須聽到那種聲音，那是「無聲之聲」。只有「無聲之聲」才能聽到真正的聲音。

問：上帝是否就是無形無相的那個的顯現？

尼：上帝是無聲之聲。它落在顯相之中，是因為我們所談論的一切都是有相的；「無顯」則根本不可說。

成為所有的支柱

一九八〇年一月五日

尼薩迦達塔：當我告訴大家他們不瞭解自己時，沒有人相信我。你被虛假的東西所侵蝕，而你允許了這樣的事情發生在自己身上，由於認同了身體，你已經失去了那種智慧。

提問者：那個「你」是誰？

尼：誰在問這個問題？

問：既然個體的存在依賴身體，那怎麼能要求大家，不要重視身體呢？

尼：我們太過於重視自己的個體性了。身體裡的這種覺知，只在身體還活著的時候才會存在。我們覺得，身體若消亡了，就一了百了，覺知也就消亡了，但其實覺知並沒有消亡，它與遍在之覺融為了一體。

這種存在感，是我們最珍視的「財富」，想不惜一切代價留住它，最好能在未來、直到永遠都持有。但這種存在感依賴身體，只會在每個個體存在的生命週期內延續。

感知的主體，一定是與它所感知的對象分開來的。無論人有多麼地不情願，身體一定會消亡，而真我則不同，真我將融入遍在的本體。

真我，與聽眾所想像的樣子完全不同。而我說話所針對的人，是真正的那個聽眾，而不是你們所認為的那個你自己。這個世界上有各門各類的知識，但唯一的真知就是真我的智慧。

問：由於自身經歷，我拜訪過許多聖者，並得到過他們的指點。馬哈拉吉在書中說過，我們會從許多不同的人那裡得到幫助。那些給過我們幫助的人，他們算是什麼，怎麼會出現呢？

尼：他們都從你自己的存在感而生，來自你自己的覺知。他們與你並不分離。

問：所以書中的那個說法並不全面？

尼：書中那個回答是針對某個特定的人的，我現在的回答是針對你的。

問：我應該把這些經歷都封存起來嗎，還是應該敞開接受？敲開上師的門，放下其他無關的一切，要做到這些很不容易。冥想於上師是非常重要的。

尼：那些所謂的聖者，如果他們給予的教導和指點是適合你的，就可以接受。反之，你可以不同意，要求他們繼續傳授點別的什麼。即便你有過淨觀，淨觀中出現了一尊巨神，其頭部能觸及到天界，但若非是你自己的支撐，這個淨觀又怎麼能出現呢？我不是在告訴你應該或不應該做什麼，我希望你能成為你自己的本來面目，成為萬事萬物的支柱。你會得到怎樣的建議，這取決於你自己的根器和你求道的目的。

靠了我上師給予的教導，我被帶到了沒有任何局限、沒有任何體驗的狀態。消融於「無聲之聲」的瑜伽士，他存在於先於「無聲之聲」的地方。你已經達到了會出現這類覺受的層次，但請記住，你是在此之前的。

你現在的這些禪修都很棒，但如果你繼續跟著我，你將失去一切。

根本沒有人

一九八〇年一月十一日

尼薩迦達塔：被囚禁在子宮裡長達九個月，在此之前，我處於何種狀態呢？我不知道，但我得出的結論是，這種囚禁之所以會發生，源自男女的兩情相悅。這對夫婦所享受的欲樂，現在以這種特殊的覺知形式而存在。我們該如何看待「出生」這件事呢？要看破，要知道那是徒勞無果的，你在其中找不到真理。你必須得出結論：「這怎麼可能是真實的！依賴身體的事情能是真實的嗎？」請好好運用你的智慧吧。

為了能使這種你非常貪愛的覺知存在下去，就必須有身體。

提問者：身體會想要達到受孕之前的那種狀態嗎？

尼：你現在處在什麼狀態？

問：就是有身體的狀態。

尼：這副身體是由食物形成的嗎？

問：是的。

尼：而在這個「食物之身」中所儲存的，是你存在的記憶，那就是「我愛」之知。這種能知之力非常稀有。有了它，你可以賺取很多錢，並得到這個世界上的各種物品。如果你願意，你還可以到處去宣揚這種能知之力，大家會敬仰你。

問：這不是我想要的。

尼：從我的角度來看，你什麼都不是，你沒有個體的身分。但如果你覺得你有個身分，那麼你就帶著我所傳授的這種智慧在世間行事吧。

原初的幻覺，難以言喻，它不會停下來、不會停止運作。它是無法被抹除的，而且必將一直延續下去。在那之後產生的幻覺，才可以被抹除，但最初的幻覺是消除不了的。

問：我明白。

尼：這還會繼續。你會看到草在生長、水在河中流淌、波浪在海面上起伏……那是原初的摩耶——你阻止不了，這正是幻覺的本質。原初幻覺無形無色，什麼都沒有。原初幻覺超出了你的想像。

你又能用這個原初幻覺做什麼呢？你可能積累了巨大的財富，但誰來享受呢？你死後，孩子可能會分到一杯羹，政府也可能會侵占一部分。沒有什麼是獨有的，都是共用的。你的知識也不會唯你所有，是為他人準備的。如果能在臨終時明白自己是什麼、明白你從來就不是一個人，這就足夠了。不要覺得你是人，如此才算真正為自己的本來面目盡一點力。根本就沒有人。

無論你賺多少，你都想要守住，但這並不會真的讓你有安全感。你不會再看到這個世界，所以，留下來的一切只是供別人使用，而不是你。現在，試著去瞭解這種能知之力到底是什麼。你之所以活著，這取決你的身體從你吃下的食物中吸取的力量，而食物和「食物之身」中的精華，就是這種「我在」之知。你的存在感，就在你之內，而不是在別的地方。

唯一需要理解的是：這種存在感源自薩埵屬性，它在世間如何行為，是根據其他的屬性，即羅闍屬性和多磨屬性來表達的。你不是這些中的任何一部分。三種屬性代表了顯現出來的一切，而薩埵屬性展露出來就會是這種存在感。

自性之外

一九八〇年一月十三日

尼薩迦達塔：我們會根據自己的觀念，做出判斷，判定某樣東西是骯髒的或是乾淨的。有些人把野豬的排泄物加工成治療某種疾病的藥物，非常有效，甚至對那些瀕臨死亡之人也有奇效。本來被認為是汙物的東西被當作了藥物來使用，甚至連人類的身體也是由可能被認為是汙穢的東西創造出來的。如果好好思考一下，這副身體究竟是什麼，思考了之後，人們還會珍視自己的個體身分嗎？

就我而言，我不相信任何既定的說法，甚至不相信吠陀中的言論。我只相信自己實際體驗揭示出來的結論。

你曾有過許多的淨觀，這些淨觀中能找得到真相嗎？任何淨觀的出現，其基礎是什麼？

提問者：是「我在」之知。

尼：根據傳統的觀點，梵創造了世界，毗濕奴維繫著世界，而濕婆則毀滅世界。這個創造世界的梵，它難道不就等同「我在」感所來自的梵穴嗎？除了是「我在」之外，這個梵還能是什麼？梵、梵穴、「我在」……所有這些都是用來命名它的名字。任何有時限的東西，都是從存在感中創造出來的，你理解這一基本觀點了嗎？

問：無論我們遇上什麼事情，都應該被視爲是無好也無壞的，對嗎？

尼：你說這話什麼意思？有什麼意義呢？

問：那好吧。

尼：唯一需要思考的是：這副身體和活著這件事，是因為什麼而出現的？不是我自己主動去要求擁有它們的。而且，我又是立足哪裡來看待每一個到訪者的呢？

問：都是基於同一樣東西。

尼：那就是「我在」；我是什麼，別人就是什麼。如果你接受了我所說的，現在你會怎麼看待自己呢？

問：我們所知道的自己並不比我們所知道的其他人更眞實。換句話說，都是虛幻的。

尼：那你對自己有什麼期許嗎？

問：我希望最終能發現眞實的那部分，而不被局限在無常的事物中。

尼：為什麼呢？在意識到自己所看到的一切都是虛假的之後，那個要尋找真實的「你」，又是誰呢？你有答案了嗎？

問：還沒有。

尼：在找尋過之後，你發現了什麼嗎？你的結論是什麼？

問：我已經習慣於只是看著發生的一切。

尼：是在期待什麼嗎？還是說，覺得有必要這麼做？

問：都不是，只是如是，沒有期待。這就是我現在的狀態。是不是說，除了自性（nature）之外，什麼都不存在？

尼：除了「自性」之外，沒有任何東西可以承載我們、讓我們得以生存。你知道我們是從什麼之中觀察到整個萬物的嗎？帶有名字和身形的眾生是怎麼被創造出來的，關於此你是怎麼理解的呢？

問：我只有基於自身體驗的理解。

尼：是什麼體驗呢？

問：我是基於自己，我所觀察到的，都在我自己之內。對在這些背後的，我不會去構建什麼理論來解釋。

尼：那你在觀察什麼呢？

問：所有那些來來往往的事情。

尼：存在感是自發地在見證的。這種存在感的見證作用，對你有什麼幫助嗎？

問：這我眞的不知道，但我承認，把存在感視爲是不眞實的，這很有價值。

尼：在接受了這一點之後，你存在的目的是什麼呢？

問：身體存在的目的是爲了企及那個先於它的狀態，不是嗎？

尼：誰要企及？把他給我指出來。

問：指不出來。

尼：既然你指不出來，為什麼你還會說話呢？

問：只是爲了要回覆馬哈拉吉。

尼：在那個階段，提問本身已經是不可能的了。既然問題沒有了，追尋問題的答案又有什麼用呢？

問：我們沒法完全洞見到「無」，我們還需要擺脫「有」。

尼：能被完全消除或抹去的東西，才能被觀察到，而那個始終存在的，是無法被感知的。那個基底永遠存在。你們之中若有人已經深刻理解了我今天所說的內容，就不必再來這裡了。

問：我在智力上理解了，但我還沒有證得。我的病依然還在，這就是爲什麼我必須繼續來這裡。

尼：既然你完全相信，無論自己看到的什麼，都是虛假的，那為何還要牢牢抓住那個虛假的根基呢？

問：因爲我們還不得不依賴這種信仰或信念？

尼：是的。要信仰什麼呢？只是「我在」這一根基。

三大神通

一九八〇年一月十四日

尼薩迦達塔：我已經揮斧砍在了根部，所以不會再發出芽來。無論我在出生之前是什麼狀態，那就是我的真實狀態。被生下來的那一刻，也是你第一次體驗到世界的時刻。身體需要大量的呵護，需要食用有滋有味的食物。你在呵護的是什麼呢？是那個存在感，你正在努力保護它。

提問者：那麼，存在感出現之前便存在的「那個」，就是馬哈拉吉當下的覺受體驗嗎？

尼：是的，那是永恆的狀態，而這個存在感則是有時間限制的。

問：馬哈拉吉是從實際體驗中得知這些的嗎？他是怎麼知道的？

尼：因為我先於任何東西。我永遠存在。至上真我、超梵，這些都是我的本來面目的稱號。在出生之前的「那個」，才是我永恆的狀態。在那個狀態下，什麼都沒有；在那個狀態下，我對一切都一無所知。

問：對每個人來說，「那個」才是真實的。但有些人知道，有些人卻不知道。

尼：在那種狀態下，我與任何人都扯不上任何關係。我一直在，離於語言。

問：我們要如何獲得這種狀態？

尼：當你吞下了現在這種有存在感的狀態後，剩下來的，就是那種狀態。

問：在奧義書中，有一段話說：「我是孤獨的，讓我變得豐富吧」。您感到孤獨嗎？

尼：這句話描述的是存在感剛出現時的情況。當那種振動第一次出現時，它只是存在，然後它感到「我是孤獨的」，並想變得豐富。我拋棄了奧義書和所有那些深奧的教導，因為它們沒法觸及真實的我。所謂的「奧義」，都只不過是無明。三德中充滿了各種情感，以及情感帶來的束縛，那並不真實。

我永遠是非客體性的、非顯現的，我永遠處於這種狀態。正是緣於與摩耶合一（Yoga Maya），由於那個存在感，一切才得以發生。它是一種類似於光化物質（photochemical）的東西，它正在展現著那種影像。所以，這個存在感在世間表達著它自己。

問：所謂的「體驗者」，其實只是一個被當作了主體的客體對象。並不存在體驗者，對嗎？

尼：這只是你的理論，還是來自於實證？

問：實證。我一直在到處尋找一個「我」，但我找不到。

尼：你總是堅定地相信這一結論嗎？

問：是的。

尼：「我」這個詞並不存在，但整個顯現存在。

問：馬哈拉吉說過，只有「虛假者」才想繼續存在下去。

尼：對的。

問：但我仍然有「我」的感覺。

尼：「我在」的感覺總是存在的，只有當它認爲自己是身體時，才被稱為「我執」（ego）。

問：爲什麼我會來找馬哈拉吉？馬哈拉吉本人知道緣由嗎？

尼：因為你想確認你所說的一切都是正確的。你堅持認為，自己說什麼都正確。很多來這裡的人都自認為很淵博，但我瞭解，他們其實一無所知，因此我要求他們坐下來好好聽講。隨後，自發地、自動地，所有的疑惑都會得到澄清。

大家帶來了所有的這些小擺設，房子裡到處都是，但它們不屬於我，我與之無關、我與之不同。有人供養了這張地毯，花了他四千盧比，但它不屬於我，我只是在使用它。同樣地，在存在感的領域中，存在感被使用或被體驗到，但我不是它。

這種對存在的了知已經出現，並且將會消失。而「那個」，它觀察著存在感的出現與消失，它沒有眼睛，卻能看到了一切——這種見證不屬於「我在」或存在感的領域。

整個世界都是存在感的身體，是存在感的遊戲。以電視螢幕為例，你在上面看到各種場景，可能看到岩石、樹木或海洋，但這些全都是光的遊戲，同樣地，顯現的世界是存在感的遊戲。在電視螢幕上，扮演各種角色、岩石、樹木、山脈的是誰呢？只是光。了悟到這一點後，當你進入寂靜中，你會明白，在存在感的囚牢中，許多個宇宙都在演化著。

為什麼我對外國人如此尊重？因為他們非常有道心，只要認準了道，他們就會堅持到底。

問：所有那些阿闍梨[61]不都在印度嗎？

尼：他們既不屬於歐洲，也不屬於印度。他們只是五大元素遊戲的產物。

除了我自己本具的三大神通外，我不關心任何神通。第一種神通是：我能夠看到這個世界；第二種神通是：此世界包含在「我在」這個微小的覺知點中；第三種神通是：這個存在感是從那種「無」的狀態中產生的。思考一下這些神通吧。

「無論什麼，都是你」，這是我上師告訴我的。從那時起，我所有的參詢都指向了內在。當

61 阿闍梨（*Archarya*）是佛教與印度教術語，意思是「用其智慧與道德教授弟子，使之行為端正合宜，而自身又堪為弟子楷模之師」，故又稱導師或上師。

然，我——能感知到這個世界的那個主體，一定是先於世界就存在的。當我看到某樣東西並說我了知它時，在我獲得這副身形之前的那個我，也一定在那裡了知著它。如果你必須給那個我安上一個名字，你可以稱它為「上帝」、「自在主」，名字並不重要。是誰在命名？名字出自於我。

我所說的禪修

一九八〇年一月十六日

尼薩迦達塔：因為這個虛假的世界是由排泄物[62]而生成的，所以人們在內心中深感羞恥。因此，他們不願意把射出排泄物的那個器官暴露在外，被人看到，他們想把它永遠隱藏起來。考慮到這一點，你怎麼還能抱有任何的驕傲呢？那是一件最齷齪的事啊。

你是從哪裡冒出來的，又要到哪裡去呢？

提問者：無所從來，也無所去。

尼：你願意再待上兩個星期嗎？

問：哦，願意。

尼：你的自尊心將會被剝個乾淨，你願意嗎？

62 原文為spit，從整篇開示的脈絡及尼薩迦達塔開示常舉的例子來看，應該是指精液。

問：我沒有什麼要隱藏的。只有馬哈拉吉跟我說過，讓我振作起來，戰鬥！

尼：靠了一臺「望遠鏡」[63]，我能看到整個顯現的世界。

問：這是馬哈拉吉的信念，還是他的實際體驗？

尼：沒必要去有什麼信念。

問：那爲什麼馬哈拉吉會説「我」、「我曾經」或「我現在」呢？

尼：這場談話發生在望遠鏡裡。

問：拿開望遠鏡之後，又是什麼狀態呢？

尼：當你不知道你在時，那就是你的真實狀態。雖然你已經聽聞了真知，但你仍然想要做點什麼來提升自己。我是「無顯／無相」，藉由我的顯現，我的身形和軀體造就了這整個世界。我不知道你將自己認作是什麼，你可能認為自己有了一定的智慧，但你只想用這些智慧來滋養你的自傲。

問：必須放棄所有的智慧嗎？

尼：你必須要去領悟；沒必要拒絕智慧。

問：聽過之前的談話後，我明白禪修並不是必須的，但馬哈拉吉告訴過我，要保持安靜，要禪修，從而了悟到我是什麼。

尼：你從何知道自己是存在的？只有在「知」之中，所有一切才是存在的。

問：我只是感覺到存在。通過望遠鏡我已經明白了，我不是望遠鏡。

尼：你還沒有明白。你以為自己明白了，但你尚未明白。

問：這些話我都理解了，難道我還沒有理解？

尼：無論你理解了什麼，那都是別的東西，不是你的真我。你理解不了真我。

63 暗指存在感。

路上有一頭驢走過，你就開始打探，要知道牠的情況——這關你什麼事呢？在這裡，你那種想要談天論地的瘙癢感是無法被滿足的。在其他地方，你大可侃侃而談，並從中得到滿足。

問：我覺得自己無事可做。我想從事禪修，一切都可以通過禪修來搞明白。

尼：我所說的禪修，是指拒絕一切的覺受體驗，並安住在沒有體驗的狀態中。要理解這一點，你就必須禪修。體驗意味著什麼？體驗意味著「在」。觀察到這種「有」（being）和「無」（no-being）的狀態的那個，才是真實的狀態。

你要精進地禪修，否則會發生什麼呢？你會像一頭小牛一樣，在這裡蹦來跳去、走來走去。我堅持認為，你應該利用好禪修，安住於自己的本來面目。你的感官非常活躍，不受控制。借助禪修，你心緒中的這些弱點將得到調伏。

問：我應該怎麼做？長久以來我一直在努力，但我做不到。

尼：要堅持。那種深深的渴望一定是存在的。如果你非常需要某樣東西，你就會不斷地想到它，你就會堅持不懈地去做。然後，你才會達到那個階段。

沿著你的來時路

一九八〇年一月二十一日

尼薩迦達塔：當「我在」感不存在時，這種覺知便是無所不在的。這整個表象顯現之所以存在，都是為了你，都是因為——你在。因為它得不到立足之處去說：「我是這個或那個」，所以它只能抓住了身體，然後宣稱：「我是男人或女人」。

提問者：所以，唯一要做的事就是，明白自己不是這些東西？

尼：你會一直說「我不是這個或那個」到什麼程度呢？

問：一旦明白了，就不必再重複了嗎？

尼：一旦你明白你不是身體，難道你就不能是一切嗎？難道你就不能是這整場五大元素的遊戲嗎？不管什麼，都是你。「我在」這個消息沒有任何形態、樣貌或顏色。只要我在，能體驗到的這整個表現顯現就會存在，一旦「我在」消失，就不再有體驗了。一旦這個「我在」的消息出現，在昆蟲、動物或人類身上，整個顯現和那種存在感當即一道就出現了——內在和外在都充滿了顯現。這些談話不是說給普通人聽的，不適合說給普羅大眾聽。

大多數人都想從某些特定的行為中獲得某些特定的好處，但這間屋子裡所發生的事情又是為了什麼呢？是為了誰呢？「誰」——其本身消失了。

我只告訴你一件事，繼續呼喚上師、上師、上師，也就是「我在」。繼續呼喊「我在」，但要離於一切語言，那是無聲之聲。

問：這如何才能體驗到？那條道路要怎麼走？

尼：那條道路不是用來走的，而是退回去的。每個人都想要找到一條道路，我又怎麼指得出一條道路呢？就像我是怎麼就進入母親的子宮了呢，我要怎麼跟你說呢？每個人都想要有條路，沿著你來時的那條路走吧。

「我在」的消息沒有形態，身體只是一個食物容器。而實相就在那裡，其存在有其意義，但你無法去感知、觀察。「我在」就像我收到的一封信，裡面寫著有關我自己的所有資訊，但那些資訊不是我。我是資訊的閱讀者、觀察者。「我在」這個消息是有時間限制的，但「我在」所指向的那個基底，也就是實相，是超越時間的，是永恆的、永久的。

問：在有時間限制和無時間限制之間的那個交界點，就是眞正的觀察者，對嗎？

尼：見證整個顯現的世界，這發生在那個終極的基底，即究竟實相之上。當你觀察某樣東西時，你接受了它，記錄了它，並思考了它，也因此，你參與了其中。但究竟實相並不接受或記錄那些過眼雲煙之事。

整個生命之謎的答案

一九八〇年三月二十八日

尼薩迦達塔：無論是在昆蟲、蛆蟲、人類，還是在神之化身的身上，這個「我在」之知都是相同的，最基本的能知之力在，所有這些生命中都是相同的。

為了展現自己，能知之力需要一個樣子、一個特定的構造，從而出現在其中。這種形態可以是任何東西，但它確實需要某種形態，而且，只有在這種特殊形態存在的時限內，它才能延續。在能知之力表達出自己之前，任何類型的覺知都不可能存在；只有當這個基礎，即「我在」之知存在時，覺知才能存在。

呼吸中產生了心念，藉由語言來表達各種念頭。沒有語言，世間的交流、對話就發生不了。世界因為有了文字和名字而得以延續。若沒有名字，就無法識別出他人，所以名字的作用很大。即使是神，也必須有一個名字，當我們重複這個名字，就有了一定的意義。在修行的早期階段，沒有什麼方法比持誦神的名號更重要或更容易取得進展。

提問者：這種能知之力是如何產生的？

尼：這種能知之力的產生是沒有任何原因的，但是，一旦產生了，就不會停下來。能知之力相當於是驅動力，這種驅動的作用通過「我在」這一覺知中所固有的三德而發起。所有的運動都是透過這三德來發起的，而這個能知之力一直在嗡嗡作響。一種特定的軀體產生於一種特定的食物，並且，根據三德結合的比例，身體以其固有的形態來行動——蟲子會像蟲子一樣地行動，人類則像人類一樣地行動等等。這些特徵都是註定的。行為與行動是根據三德結合的情況而發生的。

有人第一次來到這裡，目的是為了展示自己的學識，或者想把我拉到討論中。對此，我是心知肚明的，我心裡也很清楚，這些人什麼都不懂，他們純粹就是無知。出於這個原因，我告訴他們，除非聽講了一段時間，至少消化了一些我講的內容，否則不要提問或討論。

你完全是無知的，我怎麼知道呢？是根據我自己的經驗。這一切是從哪裡開始的？這整件事是「我在」之知的一部分，並且這種覺知和特定的身體，這整個「包裹」，已經從五大元素中被創造了出來，而五大元素是沒有覺知的，所以，整件事情都來自於純粹的無知，也即是無明。

有些人說：「我前世是某某，我將轉世為某某」。他們是怎麼知道的？所有這一切都只能從五大元素中產生，而在五大元素出現之前，覺知根本就不存在，所以這些說法都是無稽之談。

有許多修習哈達瑜伽的瑜伽士，他們擁有強大的神力，但在這些人之中，我的「神力」最大。「哈達」的意思是持續、堅持。要堅持什麼呢？起初我不知道自己出生了，我怎麼突然就有了這副身體呢？這就是要堅持去追問的，我必須知道這一點，然後，有人告訴我了「薩埵」。什麼是薩埵？薩埵只是五大元素的精華，在那裡面的是「我在」之知。所有這些依然都是五大元素，那麼這一切又是怎麼出現的呢？之後，我的上師告訴了我，「這就是你」，以及到底怎麼回事。所以，從我自己的經驗來看，我知道，這一切全都是無明。

我的上師向我指出，我原本與這一切都扯不上關係，而全部我所擁有的，就只是這個「我在」之知，它是整個生命之謎的答案——沒有這一覺知，就沒有一切。所以，遵照我上師告訴我的，我牢牢地把握住這點，然後我努力找出這副身體是如何在我不知道的情況下產生的，以及在此基礎上，其他的各種觀念、說法又是如何產生的。而我一再地發現，身體只是五大元素的產物。因此，任何人，不管他認為自己擁有什麼，那都是純粹的無明，這一點我是從自己的經驗得知的。

如果身體是無明，那麼我的存在感又是安置在哪裡的呢？我的存在感安置在一個沒有「城鎮」的城鎮裡，安置在一個沒有「地方」的地方，那是個無處之所（place which is no-place）。

存在感從何而來？是由於這個「我在」之知而來的，那同時也即是無明、摩耶，它突然就出現了，並非是我要求它來的。一旦產生，這個摩耶就會喜歡上它所創造的東西，它希望這種存在感能一直延續下去。摩耶以如此熱切的方式緊抱著存在感，不惜一切代價，它想要盡可能地延長這種存在感的存在。

癢的感覺，從何而來？它來自身體。這種想要繼續活著、繼續存在下去的「癢」，則來自於五大元素，只要五大元素存在，就會一直癢下去。

你覺得你認識我，因此你來到了這裡，但其實我沒有形態或樣貌。那個「無處之所」才是我本來面目的所在之處，那裡沒有形態或樣貌。凡是我在談論的，都只源自五大元素的精華，但我與之無關。

有些絕頂聰明的人來過這裡，問我問題，我回答了他們，但他們不接受我的答案。為什麼呢？他們認同身心，他們是從認同身心的角度來提問的，而我回答他們時不認同身心，所以說，他們怎麼可能理解我的話呢？我給的答案又怎麼可能應付得了他們的問題呢？

是誰在問問題？是一個根據身體的出生，從時間狀態中衡量自己的人，而身體是臆想出來的產物，純粹就是記憶、習慣和想像力的聚合體——我看透了它，但你們沒有。你一直把自己看作是身體，儘管它沒有實質，隨時都可能消失。然而，基於它，你正試圖實現自己的目標並索取自己的所需等等。在這個身體出現之前就存在的「那個」、只有「那個」，在身體死亡後才會留下來。當身體消亡的那一刻，也就是在最後的日子裡，那時，甚至是你對自己存在過的記憶也會消失。無論你理解了什麼、領悟了什麼，都只是娛樂——一切都會消失。

我所說的，你同意嗎？

問：同意。

尼：如果你真的接受了我所說的，那麼你就不會再關心身體的去留了。

任何生命，他所有的驕傲，都是完全基於這種食物精華帶來的特質，也就是存在感。這是一種暫時的狀態，在領悟到這一點的同時，你會得出結論，存在感是不真實的。能領悟到存在感是不真實的「那個」，即是永恆。

在這場遊戲中，你可能持有某種完全屬於你的、不會消失的身分嗎？

問：不可能。

英文翻譯插話：這些人來自一個村莊，他們想用車接馬哈拉吉去他們那裡，所以馬哈拉吉問了下面的問題。

尼：在你們的村子裡，有人聽得懂這樣的談話嗎？

問：沒有，沒人能聽懂，這超越了他們的頭腦。他們很可能會因此被激怒並對您施暴。

尼：不會的，他們才不會呢。外國人倒是可能會攻擊我，因為他們認為我在批評耶穌基督。其實，我是在向他們指明基督的真實地位、他的本來面目。發生在基督身上的事也可能發生在我身上，因為基督講了真話，說出了真相，但人被激怒了，釘死了他。現在他們則把十字架視作一種符號象徵。他們之所以感到不安，是因為我的談話超出了他們的理解範圍。

遵照我上師的命令，我才從事這些日常的拜讚和談話。若我去到那個村莊，我將不得不談論神和對神的信奉。因為他們理解不了這裡的談話，所以我只能降格到他們的水平來說話。對愚者來說，這才是正確的：神是永恆的、存在著罪業與功德……對愚者來說，所有這些才是真實的，但那些說法全都是「小道消息」。

有人說，上帝和宇宙是古老的、永恆的。當我不在的時候，我連這個永恆的上帝和宇宙都不知道。當我不在的時候，它們就不存在。

以夢中的世界為例。在夢中的世界裡，我能看到壯觀的景象，有古老的城堡、古老的紀念碑等等，但我的夢是非常鮮活的，是新近才出現的。我的夢只是暫時的，那麼，夢中的景象怎麼可能是古老的呢？同樣道理，當前的情況也是一樣。只要存在感在那裡，世界就在那裡。沒有我的存在感，就沒有世界。

我相信，你正在聆聽我的談話，並能正確地理解。如果是這樣的話，你為何還要恐懼於死亡呢？最後，什麼是死亡？這副身體就像一盞靠燃料燃燒的燈，燈芯處燃燒著的這簇火焰就相當於你的存在感。你也知道，當燃料耗盡，火焰就會熄滅，而「我在」感也就消失了。

我的上師告訴我，要與那個存在感合為一體，當你與它合為一體時，那個基礎將向你揭示出這個存在感的所有奧祕，在這個過程中，你將超越存在感；但要非常謙虛、非常虔誠。

問：這種存在感、念頭，還有個體身分，甚至是我來到這裡這件事，都只是一場意外，沒有任何理由。這樣說對嗎？

尼：對的。不管發生什麼，都是一場幻覺。沒有什麼真的發生了，這是因為，最基本的概念，也即是存在感，其本身就是一種錯覺。

當逃出這種身心的狀態後，你便是那明明了了的存在感，但在這種明明了了的狀態中，你會超越存在感；你是明明了了的那個，在領悟到這一點的過程中，你擺脫了它，你擺脫了存在感。你幾乎是在「有」（being）和「無」（no-being）之間的，但超越了這兩者。

問：那麼在最後的階段，您什麼都不是了，對嗎？

尼：說這話的是誰，說自己不存在的是誰，用什麼在說？

問：在梵穴處的存在感的火焰——當感覺到它時，該做什麼？是無視它還是專注於它？

尼：只是看著這些體驗，只是簡單地看著你能看到的一切，知道就好。存在感，也就是「我在」，只是工具，不是你。它是一個覺知的工具，而這個偉大的覺知工具被稱作是「上帝」，它是食物精華帶來的特徵。僅僅立足於這一點，你就能明白其他的一切。

問：就是說，不要隨存在感一起流動、沉溺其中，而是要拉回來，看著就好——我理解得對嗎？

尼：即便你與它一起流動，你也與其有別。你或許也能看到自己沉溺其中，但你依舊是那條

「看家狗」，而不是參與者。你必須記住，這些體驗都是由於你的存在感才會有的。存在感只是你的特徵，而不是你。你甚至可能看到你的身體直挺挺地躺在那裡，那也是存在感的一部分，但你不是身體。你必須了悟到這一點，只是看，看著就好。

你現在是什麼，你想成為什麼？

問：我想要享受那種無所不在，並與之融爲一體。

尼：想要與那個無所不在的基礎融為一體的，是誰？首先，擺脫那個「你」吧。在這裡，你所有的圖謀、期待和欲望，都將被徹底撲滅、抹除。在那個階段，你還剩下什麼呢？你糾纏在許多概念裡了。只要我們還處在與那個存在感的結合中，我們就總是心懷鬼胎地期盼著自己能達到一個更高的目標。

持誦神的名號

一九八〇年三月二十九日

尼薩迦達塔：一旦身體走到了盡頭，就會融回五大元素中，命氣融回風大元素、覺知融回遍在之覺。因此，在身體中受制於三德的覺知，在那時會擺脫三德，成為「無相」。

轉世重生的想法，只是一種觀念，因為，要想重生，就必須有一個東西死去。但什麼是死亡呢？沒有東西死去；誰將會重生？沒有人出生。

無論你們受過怎樣的教育，都只建立在身心的基礎上，所以，無論你們持有什麼觀念，它們都只能是些概念。但是，一旦身體融回五大元素、呼吸融回風中、覺知成為了遍在之覺，這些概念將無處立足，沒有支撐。因此，這些概念又將何去何從呢？

遍在之覺不來自某處，它是遍在的，以一種潛在的形式存在於全體食物中。它不從某處產生，它潛伏著，而且，一旦身體被創造了出來，命氣和覺知就會自動展現在身體裡。

在一顆無限小的種子中，整棵樹已經以潛藏的形式存在了。在適當的時候，它將成長、繁衍。這顆種子，這種化學要素，這種存在感，包含了你的整個宇宙。請從你的這種存在感中發起提問，而不是基於你聽到的或收集到的知識來提問。

存在感有其潛在的特質，要把自己展示在這個顯現的世界中。存在感在這個世界上是如何有所行動的呢？它帶著一些慣性，有其制式化的方式來決定將在這個世界上有何作為。這些特性就潛藏在化學要素中。以蟲子、昆蟲或老鼠為例，牠們挖出屬於自己的洞穴，生活在其中。同樣地，人類也以自己的方式生活。這些行為模式從何而來？來自於生命自己的存在感中。

提問者：但是，存在感只有一個、存在感是一體的，並沒有很多單獨的眾生。

尼：就像空間是一體的、風是一體的、火是一體的，同樣地，能知之力也是一體的。這是五大元素一體化帶來的結果。因此，存在感是食物精華的產物，它來自五大元素的流動。

在受孕之時，存在感這一基礎，這種化學要素，對所有情況都進行了拍照——就像電影膠卷上的感光化學乳劑一樣，記錄下了所有印象。

這個基礎在不知不覺中就拍下了照片。在那個階段，它還不具備智力，之後，這個基礎變得足夠成熟，達到了自己的目的：成為了胎兒。它的目的具體是什麼呢？就是要將自己認知為「我在」。在某個階段，在孩子身上，「我在感」就會體現出來。

我正在告訴你的，是你的真實本性。你即是「無相」，就像上主黑天那樣。上主黑天是那個作為基底的「無生」、「無相」，跟你一樣。

這個遍在之覺，每時每刻都會生出這麼多的軀體，如昆蟲、動物、人類，以及所有的物種，並且人們宣稱自己已經轉世重生了很多次。他們記得所有這些前世嗎？我明明知道，我對自己的出生一無所知，但我卻被誣告，說我出生了。實際上，你之所以接受了這些觀念，是因為你害怕死亡。

一個完全擺脫了「來」「去」的人，並且，最終，一個完全擺脫了自己的「我在」這一概念的人，是徹底解脫的。

在印度，修行就是持誦神的名號。沒有名字或頭銜，你就無法在這個世界上立足。你被傳授了神的某個頭銜或名號，那個名字就是你自己的名字。當你念誦這一名字時，它將增益並賜予你所有的智慧。它就是你自己的真實本性。這種念誦不應該中斷，無論身體是生或是死，你都應該不斷地持誦這個名字。即便一個愚者，若持誦了聖名，他的永恆本性也將會開啟。因此，當這樣的修行成功之時，人們會蜂擁而至，向他表示敬仰或尊崇。

印度非常重視這種對聖名的持誦，但在西方，人把重心放在智力上，其結果是，外國人非常精通跟世俗生活相關的事務。這種對聖名的持誦，也就是持誦名號咒，是我所屬的「九師傳承」[64]的一種傳統。那些偉大的聖人都沒受過什麼教育，他們是相當質樸之人，然而他們卻達

64 室利·尼薩迦達塔·馬哈拉吉的傳承屬於「九師傳承」，此傳承和佛教的大手印傳承乃是同源，大手印八十四大成就者中的漁尊者和牧牛尊者即是創立了「九師傳承」的祖師。「九師傳承」的第七位祖師

到了最高的境界。

許多人在讀完《我是那》後都會來我這裡，但當我身處人群中時，他們卻無法認出我，因為我沒有一個光彩耀人的背景。最後，當我去坐到那個小小的高腳凳子上時，他們才會想到，「哦，這一定是那個人」。但他們先是看著我，然後視線飄過。

問：既然馬哈拉吉否定了有前世這樣的觀念，那麼業習是否可以解釋爲只存在於今生？

尼：是的，但你今生的朋友會試圖告訴你，他們前世就認識你。

圓滿你的靈性之路

一九八〇年三月三十日

提問者：如果「我在」是食物精華的產物，那麼，巴巴吉他是不吃東西的，他的「我在」又如何能一直存在著的呢？

尼薩迦達塔：室利·巴巴吉的因種之身[65]——從食物精華中誕生出來的特質，仍在延續著自身。但它來自食物，它可能已經有兩千或四千歲了，它仍然在維持著自己。

在神話傳說中，也有兩個人物，他們的「我在」已經延續了幾千年。據說他們仍然活著，待在某處吧。他們也有因種之身，即由食物精華形成的「我在」的囚牢。然而，儘管有這麼長的壽

Revananath創辦了自己的一個分支，這就是尼薩迦達塔·馬哈拉吉所屬傳承的源頭。

65 這裡的「因種之身」並不是「四種身體」之中的「因基身」，雖然英文是一樣的，都是causal body，但尼薩迦達塔在其教學中並沒有談論過「四種身體」。四種身體是：粗重身、精微身、因基身、超因身。尼薩迦達塔的上師悉達羅摩濕瓦所著的《了悟真我之核心教授》中，對「四種身體」有詳細的描述。為了與「四種身體」中的「因基身」有所區別，中譯者在本譯著中，將causal body譯為「因種之身」。在尼薩的語言體系中，「因種之身」特指在受精卵中能為之後人體升起「知」所潛藏著的基礎。

命，他們能在五大元素的遊戲中帶來任何改變嗎？他們能阻止這種創造、維繫和毀滅的進程嗎？這種演進一直在照常進行著，他們干涉不了，他們只能待在自己的因種之身中，觀察著一切。

問：人死後，身體和心智都消亡了，那麼，用什麼來體驗天堂、地獄等等呢？

尼：既然身體和心智都已消亡，死後怎麼還會有體驗？有什麼可體驗的呢？如果那個食物精華帶來的特徵完全消失，沒有了，那麼誰來延續下去呢？

問：爲什麼從嬰兒期到兩歲左右，小孩擁有食物之身，也有了命氣，但卻體驗不到「我在」感？在那個早期的階段，只有純淨的覺知嗎？

尼：這就像一個未成熟的芒果，甜味在其中處於潛藏的狀態，尚未顯露出來。等芒果熟了之後，甜味就變得明顯了。同樣地，在孩子身上，雖然也有「我在」感，但它處於潛藏的狀態，尚未完全發育成熟，還無法表達它自己。

問：馬哈拉吉說過，沒有個體、沒有轉世重生，只有能知之力在展現它自己。然而他又對另一個人說，說那個人所持有的觀念將會令其轉世重生很多次。

尼：對那些沉迷於轉世等觀念的無知者，我說：「你將會轉世重生」。但對於有領悟力的人，我只告知其真相。

問：馬哈拉吉一會兒說梵不是「見證者」，一會兒又說梵是「見證者」，這是怎麼回事？

尼：你想從這個「梵」中挖掘出什麼意義來？你是怎麼看「梵」這個字的？梵意味著：世界展現了出來，同時確認了「我在」。

在這個梵中，一切都是幻覺，但誰又能理解這一點呢？能去理解、領悟和見證的那個基礎，則是超梵。「見證」本身發生在超梵之上。

在這個有顯現的狀態中，一切都在不停地變化著，沒有什麼是永恆的，一切都是幻覺。

現在你已經皈依了一位上師，他傳授了你某些教法。在接受了這些教法之後，你將何去何從？你明白這些教法的重要性嗎？你是什麼時候了悟到自己的真我，也就是你的真實本性的？你有一個銀行帳戶，你說你存有一萬盧比。事實上，錢是放在那個帳戶裡的，沒有被你帶在身上。「有一萬盧比在你的帳戶裡」，你所擁有的，就只是這樣一條訊息。同樣地，別人告訴過你，說「你出生了，並會死亡」，但這些訊息不會留下來陪你，甚至你是誰的訊息也會消失。

你是個求道之人，請走到終點，圓滿你的靈性之路，否則，就去過世俗的生活吧。你必須得出這樣的結論：你是「無生」（The Unborn），並將永遠是「無生」。世界和頭腦，這一切都是不真實的，但我不在其中。

忘掉馬哈拉吉吧

一九八〇年四月二日

尼薩迦達塔：我上上下下、左左右右、顛來倒去地一直在講。有人聽了我的談話後，徹底感到失望和沮喪，就走了。第二天，他又來，想跟我爭辯。於是我告訴他：「哦，的確，你講的東西非常高深。如果你能早一點遇到我，我就會拜你為師。」然後他非常開心。

提問者：馬哈拉吉説過，沒有食物就沒有存在感，但我認爲存在感和能知之力總是存在的，而實相才是究竟的，所以它與食物或物質的東西不同。

尼：一切都是這種能知之力，但除非有一副身體，否則大家意識不到有這種能知之力。除非有一副身體，否則對自身存在的這種了知，就不可能出現。然而，除非有食物，否則身體就活不下去。

問：能知之力是依賴身體的嗎？

尼：能知之力無處不在，但對這種能知之力的了知，卻需要有身體。

問：那麼，沒有身體，純淨的能知之力就不可能存在嗎？

尼：能知之力一直存在，但關於它的智慧並非是一直存在的。誰來擁有這種智慧呢？

問：但昨天馬哈拉吉說，要緊緊抓住「我在」之知——可是這就是在執著於物質身體啊。

尼：不存在抓不抓住的問題，它就在那裡，你無法擺脫。

問：那我應該禪修什麼呢？

尼：在能知之力中保持安靜。真正明白存在感這一特徵的人，就會超越它，不再受出生或死亡的束縛。

問：沒有能知之力，還剩下什麼？

尼：剩下究竟實相，正是在其中，五大元素才能聚集成形。就算一切凝固不動，潛力還是存在的——那就是超梵，其中沒有任何運動。

問：但也沒有任何東西能認知到它，對嗎？

尼：究竟實相並不知道它自己。沒有食物精華的幫助，身體裡的覺知也不知道它自己。若沒有食物之身，沒有人知道自己。

問：馬哈拉吉處於究竟實相的層次，所以他不知道自己？

尼：我永遠知道那個究竟實相。

問：但您說它不知道它自己。

尼：如果只有究竟實相獨存，它就不知道它自己，但當有了這副身體和存在感時，究竟實相因而知道了自己。

問：但當身體消失了以後呢？

尼：就不知道。

問：那麼當馬哈拉吉死後，他就不再知道究竟實相了？

尼：所有這些遊戲都發生在五大元素的領域裡。死亡意味著什麼？意味著，這副身體和存在感將融回到五大元素中。

究竟實相有了這個來自五大元素的存在感和身體的幫助，就可以表達它自己，但存在感是以五大元素為原料而形成的。究竟實相除了藉此表達自己外，與之沒有任何關係。

在凡塵俗世中，可以求助於靈修來瞭解周遭這一切是多麼地不真實。一旦理解了靈修所要企及的目標，也就理解了靈修本身是不真實的，在這個過程中，你會否定此世間的一切。

我在用簡單明瞭的語言告訴你：桌上這些是別人供養的食物，在這堆食物中，「我在」處於潛藏的狀態——它只有在有身體的時候才會探出頭來。不幸的是，你試圖將自己認同為這種食物的產物，因此，就滋生了所有的麻煩。

問：如果馬哈拉吉去散步，分別被一顆石頭和一個瘸腿的乞丐男孩給絆倒，他們對他來說是一樣的嗎？

尼：我要分辨什麼呢？你說誰是石頭，誰是男孩？我不是一個個體。你的問題是什麼？

問：那就是說，馬哈拉吉不關心他們之間的區別？

尼：你必須明白的一點是，不存在個體。從五大元素的精華中，誕生出了所有的身體和存在感。忘掉馬哈拉吉吧；沒有什麼區別。

身體，或存在感，將會為了存在而以自然的方式作出反應。我，究竟實相，並不關心它們會作出何種反應。當嬰兒只有幾天大的時候，他就只是食物精華的精髓。幾個月後，他發展出了感官，能接受印象。這些印象在那個化學要素中被記錄了下來，就像拍攝一張照片一樣。然後，五種行動感官也發揮作用，接受更多的印象。後來，就能對外界做出反應了。

問：這是一種規律嗎？一定要以這種方式嗎？

尼：這整場遊戲都是慣性運作的，是那種化學要素的一部分。「出生」就意味著形成了這種化學要素。食物之身的精髓就是那種化學要素，它是覺知出現的先決條件，也是讓人感覺到「我在」的先決條件。你現在明白了嗎？

問：我現在明白了。但我認爲馬哈拉吉一定是在開玩笑——他說他看不出石頭和乞丐男孩之間有什麼區別，但他卻花費了數不清的時間來教導那些愚蠢之人；還有就是拜讚，他日復一日地做，沒有一天中斷，而他卻說：「只是發生了。」我想他一定是在開玩笑。

尼：這全都是一場玩笑。

英文翻譯插話：馬哈拉吉身上的「我在」這一品質，它在看到別人的無知時是痛苦的。他身上的存在感這一品質，喜歡幫助他人，它不喜歡看到因無知而產生的痛苦。

問：為什麼會不喜歡呢？

尼：因為那個存在感會根據它自己的習性來行事，那就是它的本性。

問：這太奇特了。大多數人，或者他們的化學要素，就只是想為自己謀取利益，但馬哈拉吉的化學要素是如此特別，它想幫助別人。

尼：你是靠了什麼，才知道你是存在的？

問：身體中的意識、化學要素等等。

尼：你沒有把自己的注意力專注在那個基礎的存在感上。只是安住在那裡吧。在那個存在感中，一切都在發生，但你，究竟實相，不是那個。你會逐漸明白過來的。

問：我知道我不是我的手指，但我不會咬掉它。

尼：什麼都不用做，要去領悟！你又在試圖以一個個體的身分做點什麼了。為了理解我所告訴你的，你必須禪修。

不要被概念帶跑了，只是安住在寂靜中。

尼薩迦達塔·馬哈拉吉的師承

包薩赫伯·馬哈拉吉（1843-1914）

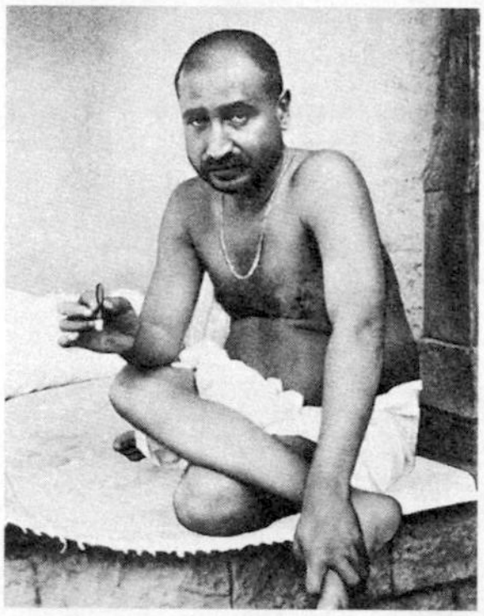

悉達羅摩濕瓦·馬哈拉吉（1888-1936）

冉吉特·馬哈拉吉（1913-2000）

尼薩迦達塔·馬哈拉吉（1897-1981）

大事記

室利·尼薩迦達塔·馬哈拉吉

一八九七年四月十七日，出生於孟買，原名是馬魯諦·濕瓦蘭龐·坎普里（Maruti Shivrampant Kampli）。出生那天恰好是哈奴曼節（Hanuman Jayanti），虔敬的雙親便用哈奴曼的別稱「馬魯諦」為兒子取名。

在他出生前一年，孟買爆發了瘟疫，所以其父濕瓦蘭龐·坎普里（Shivrampant Kambli）舉家搬到了馬哈拉施特拉邦，拉特納格里（Ratnagiri）區南部的坎達岡（Kandalgaon）村裡。馬魯諦從小就要幫忙做農活，雖然受到的正式教育不多，但他常能聽到其父念誦聖典、唱拜讚歌、和道友談論宗教話題。

一九一五年，其父過世。

一九二〇年，馬魯諦隨其兄長來到孟買謀生。起初擔任辦公室職員，後來自己開了一家雜貨店。他經營有方，很快就展店數家，手下擁有三四十名員工，雖然也販賣餐具、衣物等，但主要經營香菸和印度平民抽的比迪菸。

一九二四年，與蘇瑪緹白（Sumatibai）成婚。之後，二人育有一子三女。

一九三二年，他搬入範馬里（Vanmali）大樓，此後終生居住於此。地址為：Vanmali Bhavan, 10th Lane, Khetwadi, Mumbai。

一九三三年，在朋友耶什萬特拉奧·巴格卡（Yasvantrao Bagkar）多次敦促下，他終於前去拜見了九師傳承（Navanath Sampradaya）的室利·悉達羅摩濕瓦·馬哈拉吉（Sri Siddharameshwar Maharaj）。在第三次拜見悉達羅摩濕瓦時，他接受了正式的入門儀式，得到了名號咒的傳授，他當場就有強烈的覺受，自此成為悉達羅摩濕瓦忠心耿耿的弟子。

在持誦咒語後，他很快就有了許多禪定境界。一年後，有人邀請他講法，他並不推辭。信眾常帶來重病的患者，他會讓病人喝下一杯清水，病症就隨之消失無蹤。他還自發地吟誦出許多詩句，並署名「尼薩迦達塔（Nisargardatta）」，日後他就以此名為世人所知。nisarga是「自然」、「本性」之意，datta是「被賜予」的意思，所以全名有「自然而得」、「本來具備」之義。悉達羅摩濕瓦聽聞他的這些表現後，喝令讓他放棄，因為這些都會阻礙他證悟實相。

在此期間，他牢記悉達羅摩濕瓦的「你就是超梵」的教導，只是安住在純粹的存在感「我在」上，常常一坐就是幾小時，沉浸在平靜與喜樂之中。

他在晚年時說道：「如果沒有遇到我的上師，我就會作為一個男人活著，然後死去。我跟從上師只有短短兩年半的時間。他住在兩百多公里外，每四個月來一次，待十五天。他對我說的話深深地打動了我。從此我只遵守一件事：上師的話就是真理。他說：『你就是超梵。』不再有疑惑，也不再有問題。上師向我傳達了他要說的話之後，其他事情，我也就都不在乎了。」

一九三六年十一月九日，上師悉達羅摩濕瓦圓寂。

一九三七年秋天，尼薩迦達塔憶起其師身前對「出離」的殷切教導，決定捨棄世俗生活成為雲遊僧。他穿著兜襠布、披著粗羊毛毯子，身無分文，前往南印度朝聖。有一次，他身處荒郊野外，飢腸轆轆，突然看到一間屋子，老屋主供養他食物，當他告辭後，偶然轉身回望，房屋和老人都無影無蹤。

完成南部的朝聖後，他北上準備前往喜馬拉雅山區度過餘生，途中遇到了一位師兄弟勸他不要拋棄世俗的家庭責任，本傳承的祖師就做出了世俗責任和靈性生活兼顧的榜樣，世俗生活並不損出離。

一九三八年，在外雲遊了八個月之後，他回到孟買。他不再有經商熱情，把幾家商店都關閉了，只剩下住所範馬里大樓附近臨街的一家小雜貨店，以此維持一家人的生計。他家在範馬里大樓一樓，層高很高，所以他建了一個夾層閣樓，不到三坪（二．四乘以三．七平方公尺）大小，幾乎所有的空閒時間都在那裡度過，禪修、唱誦拜讚歌、閱讀靈修經典，比如其傳承的四本經典：《瓦希斯塔瑜伽經》（*Yoga Vasistha*）、《伊喀納特往世書》（*Eknathi Bhagwat*）、羅摩達斯的《給弟子的忠告》（*Dasbodh*）、商羯羅的《品行對話錄》（*Sadachar*）以及一些奧義書，也深入研究師兄弟記錄的悉達羅摩濕瓦的教言錄。在唱誦拜讚歌時，他充滿了虔誠，會常常處於狂喜的狀態。

一九四一年開始，他與師兄弟撒布尼斯（K. A. Sabnis）（又稱為百納特．馬哈拉吉〔Bhainath Maharaj〕）開始密切往來，兩人幾乎每天都會相聚討論靈性話題。彼時正值二戰，孟買市區常被炸彈轟炸，但他們不受影響。二者性格迥異，談話以尼薩迦達塔為主導，他曾對百納特說：「你就像毗濕奴一樣平靜，看看我！我就像憤怒的濕婆！」

期間他得了肺結核，但他毫無畏懼，靠虔敬之力，每天對上師法照做五百個禮拜，無藥自癒。幾年之後，他開始尿血，醫生懷疑是癌症，但他拒絕檢查，兩三周之後，就痊癒了。

一九四二年至一九四八年間，他的一個女兒過世，妻子、母親也相繼過世。

一九五一年，開始正式收徒。其實自他一九三八年回孟買後，就有人想拜他為師，但他一直拒絕，只在白天經營菸雜店時，站在店門口與人談論靈性話題，若人想要得到名號咒的傳授，他會推薦他們去找他的師兄弟。這一年，他得到了悉達羅摩濕瓦的祕許，才開始收徒，並允許信眾聚集在他的閣樓上禪修、拜讚。為了容納來訪者，閣樓擴建成約四坪。

一九六六年，退休，兒子敕塔冉詹（Chittaranjan）接管了雜貨店的生意。

一九七二年，彼得·布蘭特（Peter Brent）所著的《印度的聖人》（*Godmen of India*）出版，書中提到了尼薩迦達塔。

一九七三年十二月，摩里斯·佛利曼翻譯並編輯的尼薩迦達塔開示集《我是那：與室利·尼薩迦達塔·

馬哈拉吉的談話》（*I Am That: Conversations with Sri Nisargadatta Maharaj*）一書以英語和馬拉地語出版。此書使尼薩迦達塔舉世聞名，吸引了全球各地的求道者來訪。

在六〇年代末、七〇年代初期，每年他都和一些弟子去朝拜其師和師公的出生地四五次。在七〇年代末後期，他的健康狀況大不如前，就不再出遠門了。他一直在範馬里的閣樓上接待訪客，每天早上和傍晚各有一次與訪客的對話，每次約九十分鐘。一日四次的拜讚從不中斷。每日的訪客大約有二十人，大多為西方人，到了周日和假期，則增至三十人左右。他通常只允許來訪者最多待上兩周，時間一到，就得離開，把聽聞到的道理加以實踐，幾個月之後可以再來短暫待上一段時間，又會被要求離開，騰出位置來給新人。

一九七七年九月，來自美國的簡·鄧恩（Jean Dunn）初謁尼薩迦達塔。

一九七八年，有位訪客恰好是當地的醫生，發現他說話有點嘶啞，經過初步檢查，懷疑是癌症，需要進一步檢驗來確診，但尼薩迦達塔拒絕了。

一九七九年，簡·鄧恩得到尼薩迦達塔的授命將他的談話整理成書。

一九八〇年四月，尼薩迦達塔的家庭醫生也發現他的聲音愈來愈嘶啞，強烈要求他檢查，於是確診為喉癌。有弟子帶他去見孟買最好的癌症醫師，醫生說若不積極醫治，日後會很折磨人，但他依然不接受化療或放療。弟子又熱心介紹其他療法，比如順勢療法、阿育吠陀、針灸，都只能暫時舒緩症狀。

一九八一年七月，癌症病情急轉直下。尼薩迦達塔與訪客的談話時間從兩小時變成了一個半小時，之後變成半小時。他舉步維艱，無法走上閣樓。

一九八一年九月八日，逝世。

附錄一

悉達羅摩濕瓦一派詞彙對照表

大師／層次	悉達羅摩濕瓦	
實相（*Neti, Neti*）	遍在（Universal, *Ishwara*）	個體（individual, *jiva*）
超梵（*Parabrahman*）	梵（*Brahman*）	
究竟真我（*Paramatman*）	真我（Self）	小我（self）
	阿特曼（*Atman*）	自我（ego, *atma*）
究竟明覺（*Vijnana*, Absolute Knowledge）	純淨明覺（Pure Knowledge）	覺知（knowledge）
	純粹能知（Pure Consciousness）	知覺（consciousness）
	純淨之覺（Pure Awareness）	覺知（awareness）
	真我明覺（Self-Knowledge）	
究竟實相（Absolute Reality）	第四種身體（The Great-Causal Body, *Mahakarana* Body）	
	超越位（*Turya, Turiya*）	

	究竟實相	「存在—能知—極喜」(*Sat-Chit-Ananda*)	
		原初幻覺(*Moola Maya*, Primal Illusion)	
		「我在」(“I Am”)	
		能知之力(*Chaitanya*, Life Energy of Consciousness)	
		普魯薩/原初陽性(*Moola Purusha*)、普拉克瑞蒂/原初陰性(*Moola Prakriti*)	
		「明覺—我在」(Knowledge “I Am”)	
冉吉特	實相(Absolute Reality)	能知之力(Power)	明覺(Knowledge)
尼薩迦達塔	實相(The Absolute, Absolute Reality, The Ultimate)	能知之力(Consciousness)	「能知」(Consciousness)
		純淨我在(“I Amness”)	我在(“I Am”)
		「明覺—我在」(Knowledge “I Am”)	明覺(Knowledge)、我在(“I Am”)

附錄二

尼薩迦達塔詞彙對照表

實相	究竟實相（The Absolute, Absolute Reality, The Ultimate）	超梵（*Parabrahman*）
		「無相」（The Unmanifest, non-manifest）
		「無生」（The Unborn）
		「無」（The Nothing）
		「無存在」／「不存在」（no-being, no-beingness）
		先於能知之力（prior to Consciousness）
		「那個」（That）
		「它」（It）
		終極法則（Ultimate principle）
		「不知」／「非知」（no-knowingness）
		「未知的」（The Unknown）
		覺性（Awareness）
		「生命之力」（Life Force）
		「化學物質」／「化學要素」（Chemical）

遍在	能知之力（*Chaitanya*, *Chidakash*, Consciousness）	「童真基礎」（Child-Principle）
		種子（seed）
		「生之基礎」（birth principle）
		「純淨我在」（“I Amness”）
		離言之「我在」（“I Am” without words）
		「存在的意願」（love to be）
		「本然存在」／存在感（beingness）
		「真我之愛」（*Atma-Prem*, Self-love, love for the Self, the love of Self）
		「我愛」（“I love”）
		「宇宙能知／普遍能知／遍在之覺」（Universal Consciousness）
	純淨明覺（Pure Knowledge）	「存在—能知—極喜」（*Sat-Chit-Ananda*）
		第四身超越位（*Turiya*）
		「純粹能知」（Pure Consciousness）
		梵（*Brahaman*）
		阿特曼（*Atman*）

遍在	純淨明覺	原初幻覺（Primary Illusion, *Moolamaya*, *Mula-maya*）
		「唵」音（“Om”, *pranava*）
		普魯薩／原人（*Purusha*）
		見證者（witness）
		「知」（knowingness）
		薩埵屬性（*sattva guna*）
個體	明覺（Knowledge）	「知」／覺知（Consciousness）
		「覺」（Awareness）
		「我在」（“I Am”）
		存在感（beingness）
		知者（knower）
	命力（*prana*, *prana shakti*, vital force）	命氣（vital breath）

附錄三

梵英術語對照表

這一術語表，是尼薩迦達塔的現場英語翻譯們所遵循的梵（馬拉地）英譯法，不同的輪值譯者會對同一個梵文詞彙有不同的譯法。在本書原文的正文中往往沒有加括弧註明其馬拉地語的原始說法，所以中譯者大多也就順從英文來進行中譯，比如中文中常出現的Thought wave，我們就譯為「心念之流」，而不是根據梵文*vritti*譯為「毗黎提」。這一詞彙表，也就作為資料參考以原貌附錄在此，不再另加中譯了。

Advaita: Non-duality.
Adya: Primordial; original.
Agni: Fire.
Aham: I; the ego.
Ajnana: Ignorance.
Akasha: Ether.
Ananda: Bliss; happiness; joy.
Arati: Divine service performed in the early morning or at dusk.
Asana: Posture; seat.
Ashram: Hermitage.
Atma: The Self.
Avatar: Divine incarnation.
Bhagavan: The Lord.
Bhajan: Worship [of the Lord].
Bhakta: Devotee; votary.
Bhakti: Devotion; love [of God].
Bija: Seed; source.
Brahman: God as creator.
Brahma-randhra: Opening in the crown of the head; fontanelle.
Buddhi: Intellect.
Chaitanya: Consciousness.
Chakra: Plexus.
Chit: Universal consciousness.
Chitakasa: Mental ether [all-pervading].
Chitta: Mind stuff.
Deva: Divine being.
Dhyana: Meditation; contemplation.
Ganapati: A Hindu deity; success-bestowing aspect of God.
Gayatri: Sacred Vedic mantra.
Gita: Song.
Cuna: Quality born of nature.
Guru: Teacher; preceptor.
Hanuman: A powerful deity; the son of the Wind God; a great devotee of Sri Rama; the famous

monkey who helped Rama in his fight with Ravana.

Hatha Yoga: A system of Yoga for gaining control over the physical body and Prana.

Hetu: Cause; reason.

Hiranyagarbha: Cosmic intelligence; cosmic mind; cosmic egg.

lswara: God.

fagat: World; changing.

fagrat: Waking condition.

fapa: Repetition of God's name; repetition of a mantra.

fiva: Individual soul.

fnana: Knowledge.

Kalpana: Imagination of the mind; creation.

Kama: Desire; lust.

Karma: Action.

Karla: Doer.

Kendra: Center; heart.

Kosa: Sheath.

Kriya: Physical action.

Kumbhaka: Retention of breath.

Kundalini: The primordial cosmic energy located in the individual.

Laya: Dissolution; merging.

Lila: Play; sport.

Linga: Symbol.

Maha: Great.

Mahattava: The great principle.

Mahesvara: Great Lord.

Manana: Constant thinking; reflection; meditation.

Manas: Mind, the thinking faculty.

Manolaya: Involution and dissolution of the mind into its cause.

Mantra: Sacred syllable or word or set of words.

Marga: Path or road.

Mauna or Mouna: Silence.

Maya: The illusive power of Brahman; the veiling and projecting power of the universe.

Moksha or Mukti: Release; liberation.

Mouna: See Mauna.

Mukti: See Moksha.

Mula: Origin; root; base.

Mumukshu: Seeker after liberation.

Muni: A sage; an austere person.

Murti: Idol.

Nada: Mystic sound.

Nadi: Nerve; psychic current.

Nama: Name.

Namarupa: Name and form; the nature of the world.

Neti-neti: "Not this, not this"; negating all names and forms in order to arrive at the eternal underlying truth.

Nirguna: Without attributes.

Nirgunabrahman: The impersonal, attributeless Absolute.

Nirvana: Liberation; final emancipation.

Nirvikappa: Without the modifications of the mind.

Niskama: Without desire.

Pandit: A learned man; a scholar; a man of wisdom.

Para: Supreme; other.

Parabrahman: The Supreme Absolute.

Prajna: Consciousness; awareness.

Prakriti: Causal matter; also called shakti.

Pralaya: Complete merging; dissolution.

Prana: Vital energy; life breath.

Prema: Divine love [for God].

Puja: Worship.

Puma: Full; complete; infinite.

Purusa: The Self which abides in the heart of all things.

Raias: One of the three aspects of cosmic energy; passion; restlessness.

Sadhaka: Spiritual aspirant.

Sadhana: Spiritual practice.

Sadhu: Pious or righteous man; a Sanyasin.

Sagunabrahman: The Absolute conceived of as endowed with qualities.

Sakti or Shakti: Power; energy; force.

Samadhi: Oneness; here the mind becomes identified with the object of meditation.

Samsara: The process of worldly life.

Samskara: Impression.

Sankalpa: Thought; desire; imagination.

Sastra: See Shastra.

Sat: Existence; being; reality.

Sat-chit-ananda: Existence-knowledge-bliss.

Satsang: Association with the wise.

Satva or Sattwa: Light; purity.

Shakti: See Prakriti; Sakti.

Shastra or Sastra: Scripture.

Siddha: A perfected Yogi.

Siddhi: Psychic power.

Sloka: Verse of praise.

Sphuma: Throbbing or breaking; bursting forth; vibration.

Sunya: Void.

Susumna: The important nerve current that passes through the spinal column through which the kundalini rises.

Susupti: Deep sleep.

Sutra: A terse sentence.

Swarupa: Essence; essential nature; true nature of Being.

Tattva: Element; essence; principle.

Turiya: Superconscious state.

Upanishad: Knowledge portion of the Vedas.

Vac or Vak: Speech.

Vaikuntha: The abode of Lord Vishnu.

Vairagya: Indifference toward all worldly things.

Vak: See Vac.

Vasana: Subtle desire.

Vayu: The Wind God; air; vital breath.

Veda: A scripture of the Hindus.

Vedanta: The end of the Vedas.

Vichara: Inquiry into the nature of the Self.

Vidya: Knowledge [of Brahman].

Viinana: Principle of pure intelligence.

Virat: Macrocosm; the physical world.

Viveka: Discrimination between the Real and the unreal.

Vritti: Thought-wave; mental modification.

Vyasa: The name of a great sage who wrote the Brahma Sutras.

Yama: God of Death.

Yoga: Union; the philosophy of the sage Paranjali teaching the union of the individual with God.

Yogi: One who practices Yoga.

妙高峰上 5

能知之力的種子

尼薩迦達塔・馬哈拉吉的臨終教言

Seeds of Consciousness

The Wisdom of Sri Nisargadatta Maharaj

作者	尼薩迦達塔・馬哈拉吉 Sri Nisargadatta Maharaj
編者	簡・鄧恩 Jean Dunn
譯者	鍾七條、顧象
封面設計	高聖豪 samuelkaodesign.com
排版	Lucy Wright
總編輯	劉粹倫
發行人	劉子超
出版者	紅桌文化／左守創作有限公司
	undertablepress.com
	臺北市中山區大直街 117 號五樓
印刷	約書亞創藝有限公司
經銷商	高寶書版集團
	臺北市內湖區洲子街 88 號三樓
	Tel: 02-2799-2788
書號	ZE0157
ISBN	978-626-96032-6-8
初版	二〇二二年十二月
新台幣	五五〇元
法律顧問	詹亢戎律師事務所
台灣印製	本作品受智慧財產權保護

國家圖書館出版品預行編目 (CIP) 資料

能知之力的種子 : 尼薩迦達塔.馬哈拉吉的臨終教言/尼薩迦達塔.馬哈拉吉
(Sri Nisargadatta Maharaj)作 ; 簡.鄧恩(Jean Dunn)編 ; 鍾七條, 顧象譯.
-- 初版. -- 臺北市 : 紅桌文化, 左守創作有限公司, 2022.12
416面 ; 14.8*21公分. -- (妙高峰上 ; 5)
譯自 : Seeds of consciousness : the wisdom of Sri Nisargadatta Maharaj
ISBN 978-626-96032-6-8(平裝)

1.CST: 印度教　　2.CST: 靈修

274　　111018452

Seeds of Consciousness
The Wisdom of Sri Nisargadatta

Translation of the English original, Seeds of Consciousness
The Wisdom of Sri Nisargadatta , Edited by Jean Dunn. Published by The
Acorn Press, Durham, North Carolina, U.S.A.